日韓記者・市民セミナー　ブックレット 6

「在日」三つの体験
――三世のエッジ、在米コリアン、稀有な個人史――

＊目次＊

はじめに …… 2

第Ⅰ講　多様性の中の在日コリアン
――置き去りにされた在日の歴史
金村　詩恩　作家・ブロガー …… 5

第Ⅱ講　在日から見た日本と米国、日系米人と在米コリアン
金　真須美　作家・大学講師 …… 33

第Ⅲ講　在日二世の数奇な半生
尹　信雄　元民団倉敷支部支団長 ……

はじめに

日韓記者・市民セミナー　ブックレット第6号は、「在日」三つの体験―三世のエッジ、在米コリアン、稀有な個人史―をテーマにしました。

一口に在日韓国・朝鮮人と言っても、生まれた年代、育った環境、性別などによって多様化しており、十把一絡げにすることは不可能です。さらに、解放後（戦後）に来日したニューカマーと呼ばれる人たちを加えると、在日という定義は一筋縄ではいきません。

今日、在日社会の主軸になった三世以降の世代は、親世代の二世から見ても類似点の方が少ないと言っても過言ではありません。彼らは親たちが後生大事にしてきた国籍や民族至上主義といった考え方に固執することなく、「私は私、何が問題なの？」というスタンスで生きているように見えます。重いコートを脱ぎ捨て、「渡る世間に鬼はなし」とばかりに軽いフットワークで生きているようにも見えます。

ところが、「在日は××だ」と否定的な枠組みで在日を管理する国家権力があります。また、根拠なく在日を貶《おとし》めるヘイトスピーチやネット上での在日及び韓国バッシングはなかなか後を絶ちません。

あるがままの在日でいたいとの思いと「そうは問屋が卸さない」式の閉鎖社会との攻防は、非生産的な消耗戦でしかありません。先入観や思い込みといったステレオタイプは、多文化共生を妨げる旧時代の遺物です。在日と日本人との相互理解のために、在日はもっと表舞台に出て積極的に発信すべきだと思います。

在日三世の金村詩恩さんは日本社会で喧伝されている多様性について「今に始まったわけではないのに、過去にあったことを無かったことにして新しい問題として考えようというのはおかしい」と違和感を抱いています。

「今起きている問題を在日や沖縄、アイヌ、台湾人の歴史から考えてみれば、未来につながる方法が見いだせる」と提起しました。

「隠れ在日」だったという金真須美さんも在日三世。多民族国家の中で在日という概念が果たして通じるのか、という疑問をもっていました。一九九一年のロサンゼルス暴動を機に渡米し、在米コリアン、日系二世も有色人種を取材しました。気づかされたのは世代間ギャップが普遍的なものであり、指摘されたのは「金さんは日本語人」だということでした。

「母語がどこの国の言葉であるかということが、自分自身のいろいろなものを規定し、基軸になっていく時代が日本社会にもやってくる」と展望しています。

尹信雄さんは在日二世として生まれ育ったと信じ込んでいました。日本人の両親から生まれたものの、在日の育て親に育てられたとはっきり知るのは三六歳になってからです。驚愕の事実と養父の暴力にも打ちのめされなかったのは、クリスチャンとしての信仰があったからだと言います。

「絶対に人に迷惑をかけないこと、信用を大事にすること」を家訓に、仕事と家庭を両立させながら、民団倉敷支部を全国で最初で最後の「地縁団体」にしました。

二〇二一年一一月二五日

一般社団法人 KJプロジェクト代表　裵哲恩（ペー・チョルン）

第Ⅰ講　多様性の中の在日コリアン
――置き去りにされた在日の歴史

金村　詩恩 ―― 作家・ブロガー

日本国籍を取得している在日コリアン三世で、普段は雑誌やオンラインマガジンに寄稿させていただいております金村詩恩と申します。

ＤＶＤを見ていただく前に、私の方から一五分ほどお話をさせていただきたいと思います。

日韓記者・市民セミナーでお話しさせていただくのは二回目です。

前回は、『私のエッジから観ている風景―日本籍で、在日コリアンで』という本を出版した直後でした。その時私は、自分の生い立ちや経歴を就活で使うようなフォーマットで書き、どうして本を書いたのかも説明させていただきました。

私が『ＷＥＺＺＹ（ウェジー）』というオンラインマガジンに、ブラック・ライブズ・マター（アメリカの黒人運動）について書いた記事があります。私より歳上の人たちに読んで欲しいと思って書いたものですが、（このセミナーの企画の方が）それを読んでくださって、ぜひ話して欲しいということで、二回目の登壇と相成りました。

企業が使う「多様性」のキーワード

今日の告知をしていただいてしばらくして、お世話になっている編集者の方からメールが来ました。「タイトルが曖昧だね」と言われました。「置き去りにされた在日の歴史」はピンとくる。でも「多様性の中の在日コリアン」って一体なんだ?…という話になります。

この「多様性」を「デジタル大辞泉」で調べると、「いろいろな種類や傾向のものがあること、変化に富むこと」とありました。「多様な○○」とか、形容詞的に使うことも多いですけど、「多様性」とか「多様な」とかいう言葉が今いろんなところで使われています。

私は今から五、六年前に就職活動を経験しましたが、その時は企業ブースに行くと、「多様性を大切にします」みたいなことばかりを採用担当者が言っていました。就活の雑誌でも「多様性を大事にして」みたいなことが書いてある。

設立したばかりの若い企業になると、多様性がダイバーシティなんて横文字になるわけです。「ダイバーシティ企業」とか「ダイバーシティな人材」とか。なんで横文字をいちいち使うんだろう、「まどろっこしい」って思いますが、いろいろなところで使われています。

企業で使われているダイバーシティとはどんな意味なのか。ナビゲート「ビジネス基本用語集」という就活生向けの基本用語集をそのまま引用します。

「多様な人材を積極的に活用しようという考え方のこと。元は社会的マイノリティの就業機会拡大を意図して使われることが多かったが、現在は性別や人種の違いに限らず、年齢、性格、学歴、価値観などの多様性を受け入れ、広く人材を活用することで生産性を高めようとするマネジメントについて言う。企業がダイバーシティを重視する背景には、有能な人材の発掘、斬新なアイディアの喚起、社会の多様なニーズへの対応といった狙いがある」

たとえば「ＬＧＢＴ就活」とか「レインボー就活」と言われているものがあるんです。性的マイノリティの人たちに専用の就職窓口をつくって、「私たちは多様性を重んじる企業です」とやっている。

もう一つ、これも性的マイノリティの話になるんですけれども、「東京レインボープライド」という年に一回のセクシャルマイノリティの人たちのお祭りがありますが、そこで今、企業ブースがめちゃくちゃ増えているんです。昔からこのパレードに関わっている人たちが「なんじゃこりゃ」って言うくらい増えている。

外国人問題とセットのダイバーシティ

この「ダイバーシティ」「多様性」は、ＬＧＢＴの話だけではないんです。リサイクルを主な事業としているベンチャー系の会社のホームページにコラム欄があって、そこに書いてあったことを読ませていただきます。

「多様性を受け入れるために大切なこと　～ダイバーシティコンクルージョン～

ここ数年で日本で生活する外国人の数が急増しています。コンビニや飲食店で、外国人労働者を見る機会も増えました。

要因の一つとしては、やはり日本の社会課題である「少子高齢化」「人手不足」が挙げられるでしょう。

急増する外国人労働者に対し冷ややかな声も聞きますが、彼らの力なしに日本経済はこれまでの業態を保てないからこそ、政府が外国人受け入れを拡大したと言えます。（略）

今回はグローバル化と多様性の受け入れについて考えていきます」

（株式会社 Green prop　https://greenprop.jp/column/p1385/）

ダイバーシティ、多様性とセットで、外国人の問題も語られていることがわかると思います。こういう企業系のコラムだけではなく、たとえばツイッター（Twitter）は一四〇字の書き込みができますね。その投稿した記事を検索してもらいやすくするために、「#」（ハッシュタグ）をつけて、それがどういう関係の記事なのかジャンル分けをおこないます。フェイスブック（Facebook）、インスタグラム（Instagram）などのＳＮＳ、インターネットメディアの記事や署名・クラウドファンディングサイトのページをシェアするときには自動的にハッシュタグが付くこともあります。

たとえば先ほどのコラムの場合、「多様性」とか「ダイバーシティ」とか「外国人」みたいにハッシュタグをつけ、そのテーマに関心のある人に向けて発信することができます。外国人関係の記事になると#多様性 #ダイバーシティ #外国人 #社会問題みたいな感じで記事を拡散することが多い。それだけ多様性と外国人問題はいま、セットで語られています。

「多様なルーツ」「海外ルーツ」も

ここから発展して、さらに「多様なルーツ」っていう言葉も今、使われるようになってきています。

去年、「移住者と連帯する全国フォーラム二〇一九」が開かれました。これは外国人労働者、技能実習生や難民の問題などに関わる人たちが集まり、年に一回開催する大きなイベントです。一日目、いくつかの分科会に分かれ、一つひとつテーマに即したトークセッションがありまして、その「第7分科会　多様なルーツ　多様なルーツの人々をめぐるメディアと日常生活」で、私はお話をさせていただきました。

その時のホームページを読みますね。

「新生児の五〇人に一人は、日本国籍×外国籍という組み合わせで、その子どもたちは毎年約二万人ずつ増加しています。そして近年、大坂なおみ選手など多様なルーツの人々の活躍の機会はますます増加し、メディアで報道される機会も増えています」

大坂なおみ選手のことを思い浮かべてもらうと分かるように、たとえばハーフだとか、クオーターだとか、僕みたいに旧植民地出身者の子孫の在日コリアン、分科会には日系ボリビア人の女性の方が参加していたんですけれども、そういう海外とつながりがある人たちのことを今、「多様なルーツ」と言うんです。

この言葉、マスコミでものすごくよく使われています。外国人の児童の問題や、二世だとか三世たちの現状を把握する記事は必ず見出しに「多様なルーツの子供たち」「海外ルーツ」といった言葉が入ります。

「多様なルーツ」「海外ルーツ」という言葉は、日本語以外で聞いたことがなく、たとえば韓国語だと「多文化家庭」と言うらしいです。たぶんそっちの方が言葉として正しいはずなんですけど、日本語は多様なルーツという曖昧な言葉が使われています。

マスコミのフォーマット

今回お話しするのは、この多様なルーツが、マスコミにおいて、どう語られているのか、そして何が抜け落ちているのかという点です。

もうサブタイトルに答えはあるんですけれど、その抜け落ちてしまっているものが一体何か、もう一回考えてみましょう。そして、抜け落ちて何が問題なのかということを今回お話ししたいと思います。

二〇一八年一一月三日、土曜日のＮＨＫ「おはよう日本」で放送された三〇分間だけの特集のプログラムを皆さんに見ていただきたいと思います。今から一年半前ですけれども、本当にこの一年半、フォーマットが変わってないんです。あらゆる報道機関の記事は、ほぼこのフォーマットでやっていると断言してもいいぐらいに、こうつくられているということがよくわかる映像です。

―DVD上映―

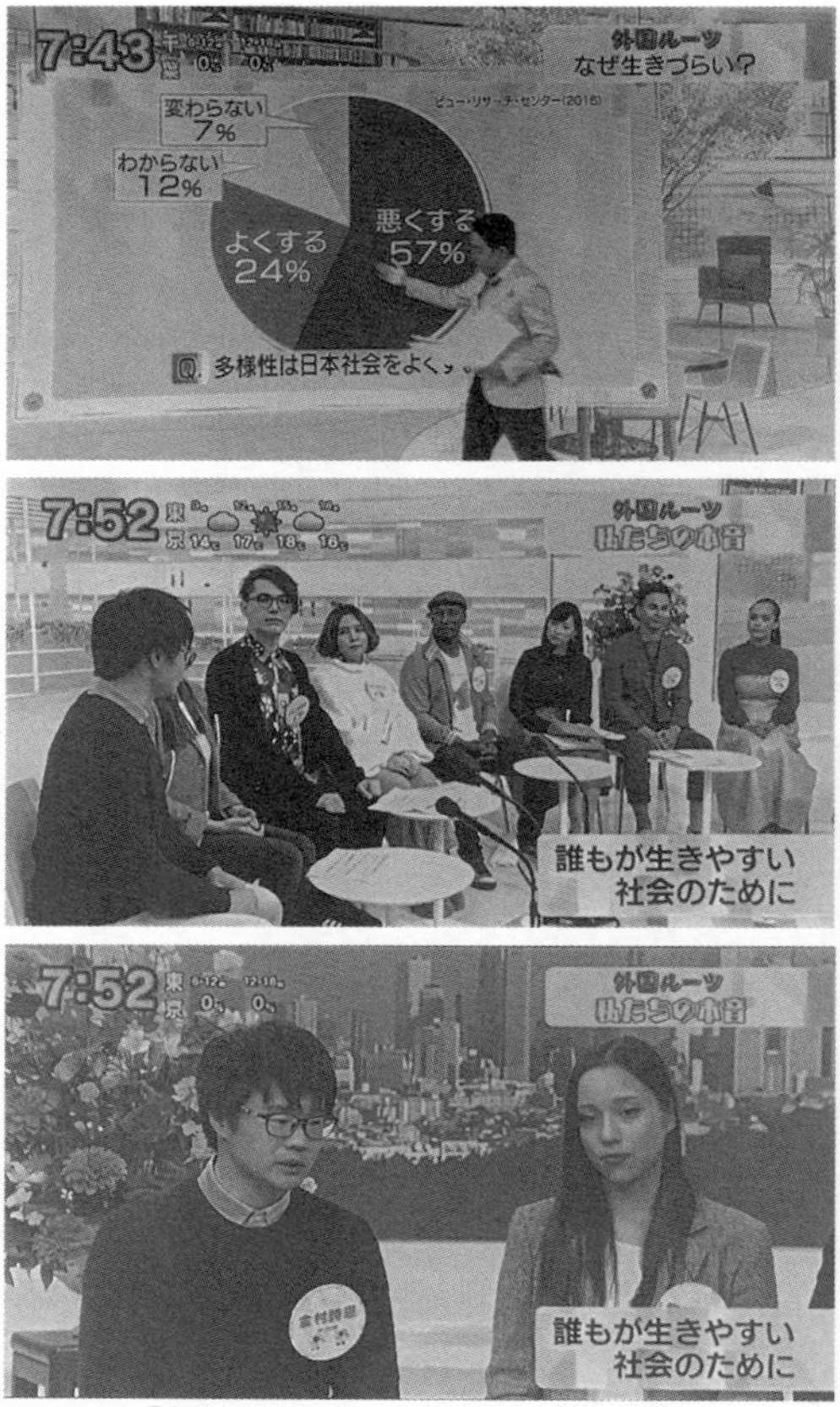

▼NHK「おはよう日本」（2018.11.3）から

番組内容に違和感

ちょっと裏話込みで説明させていただくと、番組開始が朝の七時半です。生放送で、ＮＨＫの本局で撮りました。四時半集合ですがまだ電車はないので、前日から渋谷の結構いいビジネスホテルに泊まらせてもらって、三時に起きて行きました。同じ出演者のケイン樹里安《じゅりあん》さんや下地ローレンス吉孝さんとは、もともとおつきあいがありました。

朝食としてエビとアボカドとレタスが入っているおしゃれなサンドイッチをケータリングで用意してくれました。みんなでキャッキャキャッキャ言いながら、控え室でそれを食べて、修学旅行みたいな感じでした。

しばらくして、スタッフの人たちがやってくる。「今日は皆様お越しいただき、どうもありがとうございました。こういう映像をつくったんでまず皆様に一度チェックをしていただきたく思います」と映像を見せられました。

みんな、キョトンとなりました。今観ていただいたＤＶＤにも、アンケートが示されて「何言えばいいんだろう」となるシーンがありましたが、実は収録の前にも、控え室でそういうことがあったんです。

たとえば「今日本では、外国にルーツを持つアスリートが大活躍しています」っていう初っ端のナレーション。日曜日にテレビで「喝だ」とか「アッパレ」とかやっている元野球選手のおじいちゃんって国籍どこだっけとなりませんか。力道山や長州力やアントニオ猪木、野球で言うと王さんはどういう人たちだっけとか。

僕は九一年生まれの二八歳です。僕らの世代は、ちょうどＪリーグが始まった頃に生まれました。しかも地元は埼玉県なので、周りにサッカー好きが多かった。初めて日本代表がＦＩＦＡワールドカップに出場した一九九八年のイレブンに呂比須ワグナーがいました。

なんか変だなあ。外国にルーツを持ちアスリートとして活躍している人は昔からいるじゃん。ケンブリッジ飛鳥とか大坂なおみとか、そういう人たちは昔からいるんです。

消えてしまった沖縄・アイヌと過去の事件

その次に、これはニューヨーク・タイムズの記事をそのまま引用したのだと思いますが、「『日本人は単一民族だ』という意識の変革に一役」と書いてありました。

僕が小学生の頃って、沖縄の歴史やアイヌの歴史を勉強しているんです。一四世紀ぐらいに北山《ほくざん》王国、中山《ちゅうざん》王国、南山《なんざん》王国があって、それを尚巴志《しょうはし》が統一して、第一次尚氏王統が生まれ、琉球王国が誕生しましたとか、アイヌの話では、シャクシャインの乱がありました、コシャマインの乱がありました。教科書にゴシック体の黒字で書いてあって、必ずみんなマーカーを引くんです。テストで出るので。だから「単一民族」意識はありません。

もちろんこれは海外ルーツの子供たち、多様なルーツと言われる人たちの特集です。でも、それなら沖縄やアイヌの人たちはどこに消えちゃったの？

学校でうまくいかない海外ルーツの子供たちの話が出ていたと思いますが、そこで僕がパッと思いついたのは林賢一さんのことでした。

埼玉県の上福岡市（現・ふじみ野市）の中学校に通っていた、お父様が在日朝鮮人二世、お母様が日本人の方です。今で言うと「ハーフ」、この頃だと「在日朝鮮人三世」と言われていました。その彼が、一九七九年九月九日、市内の一番高いマンションから身を投げて自ら命を絶ちました。学校でイジメを受けていたからだという話がセンセーショナルに報じられ、本も出版されました。要は、日本の学校の中で昔からあった問題が、あたかも今新たに起きたようになってしまっている。

つまり、過去あったことが薄れてしまって、もうなかったことにされて、今起きているからみんなで考えなきゃいけませんね、みたいなことになっている。

そして「多様性は日本社会を良くするか」というアンケートが出てきたことに、みんなビックリしたんです。「だって俺たち、もういるし」「多様性が良くする良くしないっていう意味がわからない」。すでに多様なのに、そんな質問に意味があるの？って思ったんです。

キョトンとした後、みんなで「これって、映像としてどうなのよ？」「でもさあ、これやらなきゃいけないんでしょう。生放送なんでしょう」と、ブースカブースカ言っている中、統括プロデューサーがやってきて、「生放送ですので、決して放送禁止用語につながるような事は言わないでください」みたいな注意があり、そのあとスタジオに移って、そこでモノを言わなきゃいけないわけです。

でも、やっぱり思ったことは言わなくちゃいかんというふうにみんなで一致団結しました。下地ローレンス吉孝さんが「新しい問題ではなくて、昔から日本社会にあったし、なおかつ、既に暮らしているたくさんの人の問題なんですけど」とバッチリ言っています。彼は日本でハーフの研究や、米兵と日本人との間の子供の研究をしていますが、たまりにたまってたんですね。出演後、一緒に飲みに行って「なんだったんだろう。まあ、でも第一歩としてよかったんじゃないか」みたいな話をしました。いろいろ心の中で抱えているものがあったんじゃないですかね。

目が点になったアンケート

（ＤＶＤの）アンケートのシーンで、「このまま国際結婚が進んだら日本人はいなくなっちゃうんじゃないか、日本の文化はどうなる」といった内容の意見が読み上げられました。「そんなわけあるかい」と言いたくなりますが、同じく出演者の岩澤直美さんが「これまでもいろんなものを受け入れてきたのが日本文化だ」と発言しました。

アンケートに対して、なぜ出演者が無言になったかというと、「僕たちって昔からいるじゃん」っていうことを、もう異口同音に言いたいわけです。でも、セッティングされた映像や、ＮＨＫの人たちが頑張って取材してきたものがあって、それを現在のものとして映し出すことが優先されている。このテレビを当日、どれだけの方が見たかわかりませんが、早朝これをボーっと見てたら、ナレーションや映像が強くできているので、そっちのほうに向いてしまう。「今こういうこと起きてるんだ、へー」で終わっちゃうと思うんです。

現在の問題として映し出そうとするあまり、過去からずっとあったという事実が置き去りにされてしまっているんです。

過去から続く入管収容問題

こういう話をすると、「別にいいじゃないか」「過去のことは過去のこと、現在のことは現在のこと。区別して考えようぜ」とよく言われます。そういう意見に対して、私は入管収容問題の話をするんです。

最近、様々なところでまさに「＃多様性」「＃ダイバーシティ」「＃外国人」「＃外国ルーツ」

というハッシュタグ付きで報じられている問題です。

具体的には、たとえば日本から退去を命じられた外国人、主に行き場がなくて日本にいる難民が入管に収容されています。日本では難民申請をしてもなかなか認定されません。一方で、ある日突然、どういう基準かわからないけど、出入国在留管理庁に出頭した際、突然仮放免許可が取り消されて長期にわたって勾留される。いつ出てこられるかわからない。三年越えは当たり前。五年収容されている人もいるそうです。

収容施設の中の待遇はきわめて非人道的です。どれだけひどいかというと、長く勾留されて、精神が錯乱している人がいます。にもかかわらず、入管職員は何もしない。薬を与えない。食事もあげないということすらある。最近だと新型コロナの対策もろくにしていなかった。

衝撃的だったのは、女性に対してビデオカメラをずっと回していたこと。監視のためだと言って、トイレの中まで回している。それを聞いて愕然としました。

こういったことが、国連の様々な委員会で問題視されているわけです。「収容は最短期間であるべきで、他の手段が十分に検討された場合でのみ行いなさい」と言われています。国内でこれらの記事が出て、デモ等、抗議活動が行われています。

今は難民問題として注目されていますが、かつてはどうか。どういう人たちの問題として取り扱われてきたか。「密航者」とされた朝鮮人たちの問題として取り上げられていたんです。

昔、テレビドラマでやっていました。戦争直後に旧植民地出身の朝鮮人男性と日本人の女性が恋に落ちて結婚した。ところがある日、その男の人が失踪する。実は、長崎県の大村収容所に密航者として捕まって、強制帰国させられたというお話だったと思います。何十年も別々になったので、男性は韓国で別の人と結婚し、女性は日本の人と結婚して、歳をとってから再開するというエンディングです。

資料を読んでいくと、この当時、大村収容所の待遇はかなりひどいものでした。

外国人登録法は監視・管理法

なぜ入管は、わざわざそんなことをやったのか。『季刊三千里』（一九七五〜一九八七）という雑誌を漁っていたところ、大沼保昭さんという東大の先生が書いた論文がありました。それによると、入管の職員にはかつての特別高等警察、今で言うと公安、いわゆる思想を検閲する部署の人たちが入ってきていた。その人たちが、在日朝鮮人は何をしでかすか分からないからちゃんと掌握して、厳重に管理しなくてはいけないという思想を抱いていたというのです。

「外国人登録令」、大日本帝国最後の勅令ですね。これは結局在日朝鮮人の取締法であったと書いてありました。

この外国人登録令が、のちに外国人登録法になるわけですけど、そもそも日本政府は外国人登録令と、それに続く外国人登録法で、旧植民地出身者を取り締まるために出入国管理をしてきたことが、ここから読み取れると思います。

その体制が今の今まで続いていると考えると、なんで入管でビデオカメラを回すのか、ひどい待遇なのかが、ものすごくよくわかります。なんてったって、監視するためのところだから「当たり前じゃないか」と言われてしまえばその通り。やっていることは最悪です。

過去を置き去りにしては解決できない

今、「#多様性」「#多様なルーツ」「#外国人問題」の記事を読んでも、在日の問題は決して触れられません。あくまでも「入管でひどいことが起きている。なぜ日本政府は人権侵害をやるんだ?」と、どちらかと言うと抗議に近い記事がほとんどです。

ですけど、過去からの流れを見ると、日本には最初から旧植民地出身者を取り締まるための法律があり、今も外国の人たちに同じようにしていると考えれば、またちょっと見方が変わってくると思うんです。

じゃあ、法律をどうやって変えるか、そのコンセプトをどうやって変えればいいのかという話になる。でも過去を置き去りにしたまま、現在のものだけを取り出しても、単純に人権侵害が行われているというだけで終わってしまいます。問題の背景や原因が一切理解できなくなってしまいます。

僕が非常に危惧しているところは、そこなんです。様々な問題がなぜ起きるのか、どういう構造で起きているのか、どういう制度が原因なのか、なぜその制度がつくられたのかということが全くわからなくなってしまうんです。

「在日」から考えてみよう

ダイバーシティだとか多様なルーツみたいなことが盛んに言われている反面、過去とのつながりが本当に無視されるようになってしまいました。そして問題の歴史的背景や原因がもう見えなくなってしまっています。

最初にお話ししたブラック・ライブズ・マターの記事の中身についてお話しします。

歌手の宇多田ヒカルさんがこんなツイートをしたんです。それは、「日本で生まれ育った日本人からすると人種差別っていまいちピンと来ないかもしれないけど、今アメリカで起きていることは未来の世界史に載るような歴史的な局面かもしれない…というかそうであってほしい」というものでした。

僕はこのツイートに非常に違和感を持ちました。いやいや、日本でも人種差別で亡くなった人はたくさんいる。僕は三人の名前を挙げたんです。まず先ほどの林賢一さん。もう一人がエルクラノさん。この方は日系ブラジル人で、小牧市でリンチを受けて亡くなりました。三人目は高橋美桜子さん。カナダ人のお父様と日本人のお母様を両親にもつハーフです。彼女も学校で壮絶なイジメを受け、別の学校に転校しましたが、結局そのイジメを原因とする精神的な病気で自殺してしまうんです。そういう問題が全く目に入らなくなってしまって、人種差別の問題が対岸の火事のように捉えられてしまっています。

昨今ネットは、僕も書き手の一人として非常に悩んでいるところですが、センセーショナルな記事を書くとほんとうに炎上しちゃうんです。そしてそのあと、すっかりその事実が忘れられてしまうんです。

事実を忘れてしまうというのは、結局、対岸の火事への第一歩です。

なので、僕は「現在起きている問題を在日から考えてみよう」って言っています。この「在日」は在日コリアンだけではないです。たとえば沖縄の人だったりアイヌの人だったり、他にもたとえば台湾の人だったり。そういう人たちの歴史から考えていけば、未来につながる対策、「こうやって変えていけばいいんじゃないか」といった方法が見出せるのではないかと、僕は思っています。

本日はお聞きいただき、誠にありがとうございました。

〔質疑〕

司会　今の金村さんのトークに対して皆さんからの質問や感想などがあればお願いします。

（Q）私には子供がいて妻は日本籍ですけど、家で韓国語で喋るか日本語で喋るかっていう問題もちょっとあったりしています。子供は日本籍です。この子たちに、お前の親父は韓国人だということを教えようとしているけど、妻は「自然に分かればいい」と言います。親の教育としてはどうすればいいと思いますか？

（A）ウチはすごく家族関係が複雑で、南にも北にも関係があるし、日本人の親族もいます。あとはヨーロッパにも親族がいて、韓国には親戚がもうほんの少数しかいないんです。

それもあってか、ウチの親はびっくりするぐらいアイデンティティの話をしなかったんです。ただ、「お前のおじいさんおばあさんはこういうことをやっていた」という話をするだけで、特定の民族の言葉を使わない人たちでした。ただ、一つ僕の経験から言うと、子供は成長するに従って気づいていくと思います。僕は、自分が韓国人なのかなって思ったのは、同級生の女の子と遠足で卵焼きを交換したのがきっかけなんです。日本の卵焼きはだし巻き卵じゃないですか。甘いんです。ウチの卵焼きって中に刻んだネギを入れて、胡麻油で焼いて、しょっぱいんです。そういう些細な積み重ねから、だんだんと気づいてくると思います。

僕らの世代になると、「そもそも民族はつくったもの」みたいなことを普通に言ってました。在日だって歴史的経緯でつくられたものだから、こだわることはないし、強調するものでもなく、もうちょっと別の言い方があると思う。

そういう時に、たとえば卵焼きだとか料理の作り方とか、生活と根づいた部分から伝えていくことができるかなあとは思います。

（Q）私、コリアン系のメディアの者で、よく新大久保の駅前などでインタビューすることがあります。東京韓国学校の生徒さんとも話をすることがあるんですが、その生徒さんが堂々とこんなことを言うんです。「自分はハーフっていう言葉を使うのはもうやめたんだ」「自分は韓国人と日本人のダブルだ」と。ハーフというと半分に切ったような感じがする、ダブルという方がかっこいいというわけです。そういう生徒さんたちの言葉に、どのような感想を持ちますか？

（A）僕は日本人のクオーターなんです。DVDに出ていたケイン樹里安さんや下地ローレンス吉孝さんとも、そのことは話になりました。「ハーフ」がいいのか「ダブル」がいいのかっていうことで。結論を言うと、「どっちでも良くない？」。個人がどう思っているかの問題ですから。

ハーフっていう言葉、彼らの研究によると、一九七〇年代の女性アイドルグループ「ゴールデンハーフ」が最初のきっかけだったらしいんです。その前は「合いの子」って言ったり「混血児」と言ったりしていたと思うんです。今、合いの子とか混血児って、たぶん使っちゃいけない言葉で、NHKでも「合いの子と混血児、やめてくださいね」って言われました。

僕は、ダブルでもいいしハーフでもいい。どう呼ぶかじゃなくて、何をもってそれを自分で定義づけるかということだと思います。

たとえば「血統として、僕のお父さんは日本人で、お母さんは韓国人です。だから私はダブルです」と言った場合に、いやいや、血統主義っていうもの自体が、そもそもドイツが近代国家となる時に、国籍を与えるためにつくられた方便だよってことを、考える力の方がすごく大切だと思うんです。

イギリスは血統主義でしたが、植民地が多すぎて途中で変わりました。アメリカやイギリスなど血統主義じゃない国は属地主義と呼ばれますけど、そういう国では、ハーフだダブルだと言われても、なかなかぴんとこない。だって血統で、自分が何人《なにじん》だとか何々民族だとか、考えないわけですから。自分がなんでハーフだダブルだっていうふうに定義しているか、そこにはどういう背景があるのかということを、まず考えてほしいと思います。

まさに今日のテーマは、そこなんです。

在日っていうと一般的に「在日コリアン」じゃないですか。でもこの言葉、あるいは「在日韓国人」「在日朝鮮人」という言葉って、よくよく考えるとちょっと変です。たぶんアメリカとかイギリスでは「韓国系」になる。イギリスではたとえば「パキスタン系イギリス人です」とか、そういうふうに言います。

ではなぜ、わざわざ在日コリアンという言葉を使うかというと、それはもう一九五二年に国籍を剥奪されたという、歴史的背景に尽きます。

重要なのは、ハーフかダブルかでなく、ダブルなんだって言う時に、なぜその言葉を選ぶのかという問いを立てる作業だと思うんです。僕は大学に行って、そういうことを学んだので、その東京韓国学校の生徒さんには、国籍や民族の勉強とか、そういった方向に行っていただきたいなあと思います。

（Q）議論が深まったんで言いたいんですけど、ずっと国籍を隠して育てていた家庭があるんです。その家庭の女の子は日本人の子とつき合っていて、韓国人は悪いようにずっと言ってきた。ところが大学生になって、書類で自分の国籍がわかった時に、すごくショックで、精神的におかしくなったということがあるんです。

ハーフであろうがダブルであろうが、先ほど金村さん言った通りどっちでもよくて、その人がその事実をちゃんと受け止めて生きるということが一番大事だと思います。

さきほどの奥さんは奥さんで、子供が差別されたくないから、悩んだ結果おっしゃっていると思うんで、悪いことじゃないよね。やっぱり最後は事実をちゃんと教えてあげるってことが大事だと思うんです。その時期をどこに置くか、難しくなるんですけどそれは奥さんに考えてもらって。そのためにもお子さんに、韓国の文化を教えて欲しい。韓国は日本と同じように立派な国だということをまず教えることが大事だと思うんです。

それから、映像の中の質問の時に、「諸先輩と僕は付き合いがあって…」とおっしゃっていましたが、具体的にはどういうことか、それをお話ししてほしいです。

（A）具体的に言うと、私の父よりちょっと上の年代の人ですね。日本の公立学校に通う中でアイデンティティに悩んでいたりとか、やはりズレみたいなものをどんどん感じていくと言うのです。

さっき僕が言ったような、たとえば卵焼きの味が違うとか、その時代だと韓国の悪口みたいなものが普通に言われていて、「いやでも俺、本当は韓国人なのに」みたいな話とか、よく聞きましたね。

この映像でまさにやっていた子供たちの悩み方というか、悩みの角度が変わらないんですよ。

それと、事実を教えるって難しいですよね。私も家が複雑だったんですよ。一方は四・三事件で韓国軍に自分の親戚を殺されました。もう一方は、朝鮮戦争の時に朝鮮人民軍に殺されたと。そうすると、自分たちの国を教えにくくなるわけです。一方は韓国軍に、もう一方は朝鮮人民軍に殺されたと言われても、みんなピンときてくれないし。

だから事実を教えるとか継承するとかというのも、一つのハードルがあるのかなって。僕の場合はたまたま、そういうことをみんな話してくれたんです。歳を取ってくると、命の期限が近づくからか、だんだんしゃべってくれるようになる。僕は母方の祖母からそういう話を聞き、父方の祖母についてはすでに亡くなっていましたが、「実はお前の婆さんはな…」って（父が）話してくれたんです。彼女はやっぱり語れなかったんですよ、その事実を。

ではなぜここにハードルがあるのか、そこからまず僕は始めようかなと。僕も甥っ子とか姪っ子にどう言うかということを今でも悩んでいますね。その事実を言っていいのかな、悪いのかなとか…。

だからたぶん、文章を書くという道に行ったんだと思うんです。なんかうまく答えられていませんが、申し訳ございません。

司会　最近金村さんが積極的に発言なさっているＮＨＫ広島の問題。簡単にまとめるとどういう問題で、どういう発言をしてるのかを話してください。

（Ａ）原爆投下から七五年が経ったので、様々な記憶の継承が行われようとしています。あの時代に生きていた方はもう八十代、それこそ張本勲さんも被爆者の一人ですが、みなさん高齢化されています。そういう中で、ＮＨＫ広島がある試みをやりました。

その時代に生きていた人たちの日記やインタビューを元にして、ツイッターで当時の時間軸に合わせて「今日こんなことをやりました」「今日こういうことがあったよ」と呟いて、若者にその頃の様子を伝えていこうという企画です。

その時代の三人、主婦と記者の人と、シュンちゃんっていう名前の少年の三つのアカウントが開設されたんです。そのシュンちゃんが、「朝鮮人がやってきた」とツイートしました。「朝鮮人の人たちが暴れている噂がある。どうしよう」みたいなツイートが、何の注釈もなく、三つぐらいポンポンポンとされたんです。

僕の卒業論文は、そのあたりのところから書いたんで、いろいろ読みましたけど、「鮮人騒乱」とか「朝鮮人また大暴動」みたいな文章があると、そこに注釈がつきます。何の注釈もなしにインターネット上にそういう言葉を載せるというのは、差別扇動を生み出してしまう。なおかつ、このシュンちゃんというのは実際にモデルがいます。新井俊一郎さんという語り継ぎの活動をしている八九歳の方だったと思います。その方が日記で残した文章として本当にあるのかということが気になって、最近インターネット上で発言をしています。

私が求めていることは三つです。一つは注釈をつけてくれということです。ツイートを消すのではなくて、後世に向けた失敗事例として残してくれと。ただし、これはこういうことですよと、注釈をつけてほしい。

もう一つは、日記の原文とインタビューを公開してくれということです。新井さんという人が実際、同様の内容を書いたり言ったりしたのかどうかということです。歴史学とか人類学とかやったことのない普通の人からすると、原文だけ読んでも意味がわからない。だって、たとえば朝鮮人のことを「鮮人」と言っているけど、「これ、なんていう意味なの、わかんない」という人のために、専門家や有識者がきちんと解説して欲しい。できることなら、番組なり解説記事なりにしてほしい。

そしてもう一つは、なぜこういう差別を扇動してしまう発言をしてしまったのかということを、ＮＨＫ広島全体で検証してほしいと思ったんです。

こういう事例が起きると、さっき言ったように炎上だけするんですよ。それで「謝罪してくれ」みたいなことをみんなが言うんですけど、謝罪の前になぜ起きたのかを検証して欲しいということを最近インターネット上で言っています。

司会　ありがとうございました。

（日韓記者・市民セミナー　第一三回　二〇二〇年八月二六日）

第II講　在日から見た日本と米国、日系米人と在米コリアン

金　真須美 ―――― 作家・大学講師

今日は大変な状況下でたくさんお集まりいただきまして心より感謝申し上げます。通常ですと三回は分けてやるお話を一回でやります。かなり盛りだくさんですが、ご容赦願いたいと思います。

最初にお話しいたしますのは私の少し変わった生い立ちです。在日三世としては少し珍しいバックボーンをお話しいたします。その次に私の母校のノートルダム女子大で、マイノリティーと言われる中国籍、あるいは韓国籍の学生さん、ベトナムの学生さんから見聞きしたエピソードをお話しいたします。最後に取材秘話です。

〈序〉

少し変わった生い立ち

私は京都の北山で生まれ育ちました。自分が在日コリアンであるということを知ったのは小学二年生でした。一貫して民族教育がない家庭で、両親は在日二世同士のお見合結婚でしたが、それを聞くことはタブーのお家で育ちました。なおかつ矛盾しているのは、京都の中でも非常に京都的な文化を大切にする両親に育てられたことです。

私は二つの儀式によって自分の出自を知ることになりました。まず一つ目です。一世の祖父は漢方医でしたが、私が六歳の時に他界しました。その祖父を見送るために、当時京都には北山の近くに十二間通と呼ばれる通りがありましたが、父はお葬式の時、そこに樒《しきび》をいっぱい敷き詰めました。また、朝起きると、家の一階が真っ白な空間になっていて、いつも知っている叔母たちが白い麻のチマチョゴリに着替えて集まっていました。「アイゴ、アイゴ、アイゴ」と、泣き女と呼ばれる人がいらして、祭祀（チェサ）に近いものが自分の家の前で執り行われたのです。それが祭りなのか何なのか、六歳の幼少期の私にはわかりませんでした。これが一つ目の儀式です。

二つ目は、いわゆる直系の長男のことでした。族譜《ぞくふ》が正しければ、私の父は三九代目というふうになっております。亡くなる前に見せていただいたことがありました。直系の長男というのは、いわゆるチェサという儀式が年に数回あります。とても多かったんです。暦にのっとって、朝が早くの時もあれば夜中の時もある。親戚一族がやってきて、大きなお仏壇に向かって、白布《はくふ》をかけた二台の御膳に、いつもは食べない料理が並ぶわけです。胡麻和えの非常に臭気の強いものがその日だけは、言葉が適切かどうかわかりませんが異臭を放って並べられていました。それもまた暗黙の了解です。それが何かということを聞くということは一切、親子の間でもありえないことでした。私の両親はそういう育て方を選んだということが、まずバックボーンにございます。

しかも私は二八歳まで「原《はら》さん」だったんです。「南原梁氏（ナモンヤンシ）」というふうに、祖父の墓石に書かれておりましたので、おそらく南原にいた時期もあったのではないかなと思っております。

さて、こういうバックボーンを持った人間がどういうふうに育つかといいますと、たいてい日本名を使ったまま、お友達も、あるいは妹たちも、そのまま結婚していきました。自分のアイデンティティーであるとか、「自分探し」というには語弊がありますけど、そういったことをする人は少なかったように思います。

その私が文壇にデビューして、母校からなぜかコリアン文学を教えてくれと言われました。

私はたいてい一時間早く大学に行きました。マイノリティーの子の顔が暗いなあと思うと、授業を準備するふりをしながら、彼女たちの悩みを聞くということを自分に課していました。

マイノリティーが抱えた悩み

三つ、エピソードをお話しいたします。

一人は中国籍の女の子です。中国籍と簡単に言いましても、授業しているとわかりますが、吉林省出身なのかあるいはその他なのか微妙に日本語のイントネーションが違います。その子が「先生、私はうつ病で死にたいわ」と言いました。医者に行った時に、「外人だから診いひん」と言われたそうです。もうお腹が痛くて仕方がなかったのに、この国は差別だらけだと片言の日本語で私に言いました。

若い頃なら私も一緒に怒ったかもしれません。でもいろんな経験を経て大人になった今、私が彼女に返した言葉は、「あなたの日本語はちょっと発音がわかりにくい。もしかしたらドクターはあなたを内科で診てよい人なのか、誤診を恐れて言ったのかもしれない。それならすぐに差別だと考えるのはちょっとどうかな」というものでした。相手の立場になって考えるということを話したんですね。

そして彼女に「きちんと日本語を発音できる中国人のお友達を連れて、もう一回その場所に行きなさい」とアドバイスしました。そして、「そのドクターが何の理由で診ないと言ったのか、そこまで深く踏み込んで、もう一度聞いてらっしゃい」「そのぐらいの心の強さがないと、この国でお勉強して、将来国に帰るにしても、やっていくことは生易しいことではないんです」って話しました。彼女は納得して、その後明るく登校してきてくれたのを覚えています。

さて二つ目のエピソードですけれども、やはり中国籍の女の子です。

「先生、私はコンビニでアルバイトをしているけれど、店主が『中国のやり方はおかしい。日本のやり方はこうだ』と言って、私にイジメをする」と言うんです。もう国に帰りたいと私に申しました。その時私は、こういうふうにアドバイスしました。

「たしかに、あなたの国でのやり方は違うかもしれない。でもあなたは、日本の国で働いて、今そのアルバイト先で賃金をもらっている。あなたは、そのやり方をきちんと覚えることが先決だと思うよ。その上で母国に帰った時に、母国のやり方を取るもよし、日本のやり方をその中に少し混ぜるもよし。日本で働いて賃金をいただくということは、日本のやり方を覚えるということで、決して損なことではないよ」と話しました。

彼女は少し不服そうでしたが「分りました」と言いました。両方学べる機会を与えられている。しかもお給料いただきながら。それは悪いふうに取るんじゃなくて、むしろこの二つを学んで、母国に帰った時には何かしらの一助となるというふうに、ある意味前向きに捉えよう、というお話をしたわけです。

さて、もう一人だけお話をさせてください。ベトナム人のグエンチャという方です。

私は、小説のために一八年くらい前に彼女を取材したことがありました。彼女はボートピープルとしてやってきた女性です。大阪の八尾というところで取材した時に、彼女が言ったことは、保母資格を取りたいということでした。でもミドルネームを学校で禁じられた。それからゴボウのささがきの仕方が違うと言われ、ペティナイフの使い方をすごく先生に叱られた。もう国に帰りたいというわけです。

そして彼女が私に訴えたことは、もう一人ボートピープルで来た元新聞記者で、彼女よりもずっと年齢が上の女性はさっさと帰化をして、日本人として生きていく。どうして同じ国の出身なのにグエンさんは、ああいう生き方ができるんでしょうか、と聞くわけです。とてもそれが印象的で、私には昔の在日のお話を聞くような気がしたのを覚えています。

〈破〉

ロサンゼルス・ライオッツ

「序」「破」と、「破」の入り口まで来ました。ここからが本論です。ロサンゼルスで見聞きした取材秘話をお話し致します。

一九九一年にロサンゼルスで暴動が勃発しました。それはトゥー・スンジャ事件というものに端を発します。ある日、黒人の女の子がオレンジジュースを盗んだんです。いわゆる、よろずスーパーです。日本ではローソンのようなものとお考えください。トゥー・スンジャという在米コリアンの女性が、三八口径だったと思いますが、一発で彼女の頭をぶちぬいて死亡させました。これが火種となって、黒人社会と在米コリアンの間でロサンゼルス・ライオッツと呼ばれるような事件が起こっていくわけです。

私はちょうど子供二人を産み育てて直後のことでした。私は作家デビューしたあと、河出書房新社の文藝賞と新潮社の最終ノミネートに入っていましたが、新潮社から「青田刈り」があったんです。大江健三郎のお付きだった前田速夫さんという人から、「金さん、河出で入ったけれど、ウチで書いてみませんか」と言われました。

私はノンポリで、ちょっとボーっとしたところもあったので、「分りました」と言ったところにロサンゼルス暴動が起こり、これを書くことにしました。でも普通に書いても信憑性がない。こうなったらもう戦火の中に行っちゃえということで、ちょっと悪いお母さんですけど子供二人をおいて、四泊六日の強行スケジュールで渡米しました。二泊をリトル・トーキョー（日系人街）、二泊を在米コリアンの人々が住むコリア・タウンに、という計画でした。

かなりの強行スケジュールでしたが、ここでの経験は非常に深い示唆を私に与えてくれて、今日のお話にも結びついていくわけです。ここからはそのエピソードです。

アシダさんとパンジャさんの取り計らい

アシダ・ジュンコさんという、大和《やまと》学園の校長先生が、二日間ボランティアで私をリトル・トーキョーに案内し、二日間はパンジャ・ホンさんという人に、暴動後のコリア・タウンに、自分たちは怖くて行けないけれどパンジャさんに連れてってもらいなさいということで、二日ずつ両方行かせていただきました。

アシダ・ジュンコさんは、いわゆるニューカマーと呼ばれる方です。渡米歴二〇年未満をその当時、ニューカマーと呼びました。

このアシダ・ジュンコさんが、今からお話しする五名の方を紹介してくださるんですけれども、非常に立派な方でした。日本人としてのプライド、つまりオールドカマーと私たち渡米歴二〇年未満の人間は違うという意識を、非常に持っていらっしゃいました。

そこで私は自分の身をこれに置き換えたわけですね。曲解を恐れず言うならば、自分が移民の末裔だと捉え直したときにどうなるか。もちろん歴史認識や歴史的な背景はあるんですけれども、私が三世として向こうに住んだ時はどうなるかというふうに、ちょっと置き換えて考えてみたんです。

アシダ・ジュンコさんは、パンジャ・ホンさんという人に会ってみてと、その二日後に言われました。どんな人かなあと思ってワクワクして行きましたら、六〇年代に就職差別でお仕事があまりなかった時に、アメリカンドリームを夢見て渡られた在日の二世の女性だったんです。

このパンジャさんという方が、また非常に良い方で、「金さんが調べたいんだったら、私はどんな地区でも案内してあげるよ」と言うんです。でも「ここだけはやめてね」って言われた地域に行って事件が起きました。そこはいわゆるヒスパニック系の人々が住んでいる危険な地域でした。

物売りのお婆さんから浴びた罵声

ディテールは省きますけど、そこにサンチュ、つまりチシャ売りのお婆さんがいました。このあたりの写真は撮らないでねっていう約束だったんですが、私、本当に天邪鬼《あまのじゃく》だと思うんですけれど、してはいけないって言われると絶対したくなるんです。そのうえトロいものですから、堂々とチェキを持って行きました。

ヒスパニックの人々がいて、なにか懐かしいなあこのお婆さん、シワの入り方、うちの親戚にも顔が似ている。九〇歳くらいだったかな、ちょっとわかんないですけど。小さくなって可愛らしい方で、サンチュを青いカゴの中に入れて、板の上に並べて売ってらした。

それで、パシャって写真を撮ったんです。その瞬間、どんな罵声を浴びたか。「ワレーッ‼」って来ました。「今何しやがった、それ返せ」って、なぜか大阪弁だったんです。すごいなあって、あとあと考えるんですが、英語じゃないし、しかも大阪弁なんですから。

私はまだ若かったから、ボーっと立ち尽くして、あっ、どうやってこれ、お詫びしようかと。でもカメラは取材で持ってきているから返せないし…。悩みだしたら、パンジャさんが、許してやってくださいと。この娘は日本からいろんなことを調べに来たキョッポ、つまり同胞だから許してやってくれと取りなしてくれたんです。その時私は自問自答して、弁明する余地は無いなと思いました。なぜなら私は日本語でしか謝ることができない。同時にこの自分の雰囲気ですね、顔というよりも雰囲気は日本人としか見えないだろうと…。

もう一つ考えたのは、このお婆さんは英語ではなく日本語で、しかも大阪弁で怒っている。ということは一時期、日本にも何らかの理由で来た人だろうと…。そしてもう一つ、あとで考えたのは、おそらく不法就労で、命がけで物売りをしていた方なんだろうということです。

私は自分に、もう罵倒されるだけ罵倒されてみようと自虐的に課しました。自分が今やったことの自己責任と、そしてそのお婆さんの生き様を考えたときに、私はここで何ら弁明する余地はないと思ったからです。パンジャさんが取りなしてくれている間も、立ったまんま、罵声が何分続こうが、ずっと言われっぱなしでいたということがありました。

パンジャさんは、在米コリアンの男性と結婚しましたがすぐに離婚されて一人息子がいらしたんです。それはどうしてですかって聞いたときに、パンジャさんは、「私はより濃い本国の血を自分の息子に入れたかった」と言われた。じゃあ息子さんはお母さんの出自をご存知ですかって聞いたら、これがまた面白いんですが、「日本人だと思っているの」っておっしゃった。皆さん、ちょっとこのことを覚えておいてください。次の話に続きますので。

元総連幹部　「ハッピー・ハッピー」の胸の内

そしてその翌日です。トーラスというところの、スパイ行為もしたという朝鮮総連の幹部を取材していいと、パンジャさんがあるルートを使って私を紹介してくれました。もう二十数年前ですけど、カセットテープを手に、相当緊張して行きました。一時間きっかりしか話さないって言われたし、どんな人が出てくるんだろうと思いながら、でも中流以上の日系の商社マンたちが住む地域に住んでらっしゃる。おかしいなあと思いながら行ったわけです。

パンジャさんは車の中で待っているから、金さん一人で行ってくれるって言われて、のこのこ出て行きました。

相当覚悟して行ったんですけど、「やあやあ金さん、ハッピーハッピー」で始まったんです。「ハッピーハッピー、楽しくてたまらないさ、ロサンゼルスは」。正気かなと思いました。この方は本当に、紹介された方なのかと思いました。

そして、あなたが来るって言うから僕、一時間だけ用意したんだけどっておっしゃって、とりとめもないお話だけされるんです。アメリカで成功して楽しくって楽しくって、毎日「志ん朝」の落語を聞いているんだよっていうお話です。若いからもう全部鵜呑みにしますよね。

一時間きっかりの帰り際、私は家族に合わせて欲しいと言いました。「それはやめてくれ。僕は僕の家族に会わせる気持ちは一切ない」と言うことでした。そして、「あっ、そうそう」っておっしゃって、「僕一つ読んだ本がある。そして今日来てくれたあなたにプレゼントするね」って言って、パッと一冊の本を差し出されました。それがなんと、岩波新書から出た徐勝兄弟の獄中記だったんです。これは何を意味しているのかなあとその時思いました。

当たり前ですけれども、人間というのはそう簡単に過去を捨て切れるものではありません。「ハッピー、ハッピー」と言いながら彼の中には、居住地区を変えたところで、何かしら解決されていない問題がいくつもあるんだなあと思いました。

その方が最後におっしゃいました。

「金さん、ところで昨日、なんか事件があったらしいけどどうだった」

「いや、もう大変な目に会いました」

「そうでしょう、僕らは日本語圏でしか住めないんですよ。海外に来たら」

だんだん元気がなくなって。その日はリトル・トーキョーの、また一番怖いところに宿を取っていたんで、疲れて眠りました。朝九時から晩の九時まで取材して、たくさんの方にお会いしました。私の中ではいろいろなテーマが見え隠れしていました。

在米コリアン二世のジェネレーション・ギャップ

アシダ・ジュンコさん、パンジャ・ホンさん、そしてちょっとお名前は出せませんけれども総連の元幹部でいらした方、今までお話しした方に続いて、私が心打たれたというか、面白いジェネレーション・ギャップだなあと感じたところに、アユミ・カワタちゃんという方がいます。この人は非常に優秀な日系移民の二世です。お父さんとお母さんが商社マンで、アメリカで生まれ育ったのでネイティブ、母語が英語です。日本語は話せないから、取材は全部私の下手な英語と彼女のネイティブの英語です。そうすると面白い秘話が出てきました。

彼女はとても素直にいろんなことを話してくれました。私はマミーの食べる、ここから面白いんですが、「タッパウエアに二重に入った冷蔵庫に入っているイエロー・スタッフがたまらなく嫌なんです」と言うのです。イエロー・スタッフ（黄色い変なもの）って何だと思われますか？タクアンです。嫌で嫌で嫌でたまらなかった。そして父の使うチョップ・スティックス（箸）がもうどうしても許せなかった。マミーが送ってくれて学校に通うとき、白人（コケージャン）の男の子や、いろんな子たちと混じり合うときに、両親の交わす日本語での会話がたまらなく嫌だったといいます。

ここで私はひとつ不思議に思ったんです。そして正直に言いました。「アユミ・カワタちゃん、あなたはどう見ても東洋人、ビジブル・フォーリナーですよ」と。つまり、アメリカにおいては、見える外国人です。私は日本にいれば見えない外国人。この言葉の定義はあとでまたお話ししますけれども、どう見たって東洋人なのに、その意識が完全にアメリカン。他者から見ればあなたは東洋人の外見だけれどなあって言ったときに、「金さん、私はルーツを非常に否定して生まれてきた」と言いました。「日本が嫌いで嫌いで嫌いで、何もかも相殺したかった」と。

でも、彼女の論文の最後のコンクルージョン（結論）に書いてあるのは、ちょっと綺麗事に聞こえるかもしれませんが、「初めて、一世のお婆ちゃんが生まれ育った日本に来て、富士山を見たときに、何か胸の中ですーっとほどけるものがありました」というものです。「そこから私は、自分のルーツを否定することをやめたんです」っていうお話をされました。彼女は真摯にこの論文を書いています。

ああ素直だなあと思うと同時に、ジェネレーションギャップも、私たち在日コリアンと非常に似ていると思いました。その類似性ということに置き換えてお話しすれば、私も父の食べるキムチがとても嫌で、台所の隅に隠してあったので「キムチ臭い冷蔵庫」ってみんな呼んでいたんです。「隠れ在日」でしたから。

そういった意味で、彼女の言っていることは理解できるなあというふうに思ったんですが、これに類したことがもう一つのエピソードにありました。

在米コリアンの一世の男性を、激戦区の中のよろずスーパーに一人で取材に行ったんですけれども、その中に精肉コーナーがありました。お父さんがお肉をミンチ肉にしながら、一生懸命働いているわけです。もちろん防弾チョッキの中には三八口径が入っている。ところが息子さんはどうかというと。在米コリアン二世ですけれども、「やってらんないよー」って言うんです。英語で。「親父がさあ、テコンドー習えって言うから行くけど、僕はサッカーの方が好きだ」。金のコインか何かぶら下げて、お父さん一生懸命生肉触ってお仕事している横で。これもまたジェネレーションギャップが似ているなあって私は思ったんですね。

「在日」という概念は通用するか？

ここで申し上げたかったことは、より大きなところで「在日」という概念が本当に通じるのだろうかということです。一世と二世、あるいは二世と三世の、私たち在日のみを日本で考えるっていうことが、私は嫌でした。何かもっと広やかなところに出て、広やかと言ったら語弊があるかもしれませんけれども、より大きなところで、多民族国家において、在日という概念が本当に通じるのだろうかという問いがあったんです。

行ってみてものの見事に思わされたのは、在日という概念が通じるのは日本だけだということでした。今日お手元にあえて古い記事を出しましたけれども、パスポートの所でも黒人と採め、いろんなトラブルが起きる中で私が感じたのは、在日という概念はロサンゼルスのような多民族国家においては通じない。それは概念としてもない。じゃあ何があるか。カラッドか否かです。有色人種であるか、そうでないか。

私は、政治にはあえて言及しないことが信条なんですけれども、たとえばトランプさんはコケージャン、生粋の白人です。白人か、あるいは有色人種、私どものように、中国、韓国、あるいはベトナムのように黄色人種か。あるいは、アフリカ系アメリカンと呼ばれる黒人か。あるいはヒスパニック系の人か。つまり、もっとざっくり言えば二つしかないってことです。コケージャンか否か。カラッドか否かです。

その中で、それを細かく追い求めるということは、話は元へ戻りますけれども、アシダ・ジュンコ先生がおっしゃいました。とてもエリートの女性で、学校の校長先生をなさっていて、人格者でもあったし、お人柄も素晴らしかったんですけれども、こういうことをおっしゃったんですね。

「ここに来て初めて差別を感じた、ごめんねって。あなたたちに本当に申し訳ないことをした。私は毎日毎日ここでは差別を感じる」

最初、被害妄想かなと思いました。先生大丈夫かな、聡明なのにと思ったけど、どうしてそんなこと言われるのかなあ。「インディアンと同じ扱いを受けるのよ」、なんてすごく過激な発言を言われたので。

でもその意味が、取材の中でいろんな人と出会ううちに、なるほどなるほど、これがそういうことなんだって、たった四泊六日でもわかる出来事がずーとあったんです。時間の制約があるのでディテールは省いて骨子のみお話ししているんですが、良い悪いを今ここで言ってるんじゃなくて、そういうものだということを肌身で感じて帰ってきたわけです。

コスモポリタン

もうおひと方、ご紹介したい方はミセス・モリキさんです。この方は日本から渡米した一世です。ニューカマーですけれども、取材したときに面白いことを言われました。

やっぱり「金さん、ごめんなさいねえ」って。「私たちは本当に在日のことわからなかった。

私の息子は在米コリアンの女性と結婚したけど、私たちはわかり得なかった」というわけです。つまり、彼女は非常に反日感情が強い。そして自分は、申し訳ないけれども韓国に対して良い感情を持っていない。そんな中でわかり合えたのは、この広大なアメリカに来て、自分たちカラッドであるが故に起きるいろんな問題を考えて、自分たちはコスモポリタンだと思った時だというんですね。そして今は、無二の親友なんだとおっしゃった。「望郷の念を抱いた日系移民の人々は、ボーリング・パークの丘で日本を忍ぶんだけれども、私はそういうの嫌いでしかたなかった」なんてことも、おっしゃっていたんですけれど、部屋にはベトナム産のもの、中国産のもの、それから日本製のもの、韓国製のものなど、素晴らしい調度品がしっくりとまとまって、きれいに調和をもっていたのを覚えています。

今までお話ししてきたエピソードについて、ちょっとまとめに入りますと、私はジェネレーションギャップ、一世と二世、二世と三世、三世と四世と、在日の中では世代間のいろんな違いがありますけど、これは普遍的な問題ではないかということを、広い世界に出て問うてみたかったということです。これは海外に取材に行って、初めて日系移民の方々を取材して感じました。

オールドカマーとニューカマー

それから、いわゆるニューカマーと呼ばれる人とオールドカマーと呼ばれる人。これをちょっとお話しします。

私は京都に長く生まれ育って二八年間いましたが、その後夫の勤務でいろんなところを転々として、今は大阪の北の方にいるんですけれども、こういうことを言われました。

本国から来たてのニューカマーの女性たちが舞踊を習っている、大阪のある地域に潜伏取材したんです。取材が下手で、どこでも堂々と行くものですから全部ばれてしまうので、踊りを習うという名目で取材していたんです。

そしたら、はっきり言われました。「キョッポ（同胞）が一番冷たい」と。

私から見ると、本国の人は濃いなあって正直思いました。濃いって言う表現が適切かどうか判りませんけど、ちょっと違うなっていう感じです。

話を日系移民に戻しますけど、その方々の中にも、それがはっきりとあるということです。それは大和学園の校長先生、アシダ・ジュンコさんがおっしゃいました。

いわゆる「ピクチャー・ブライド（戦争花嫁）」としてリトル・トーキョーに定住してきた人々、

つまりオールドカマーと、ご自分のように渡米して二〇年未満の人間は根本的に違うというのです。そしてそこには非常な軋轢があるとおっしゃいました。それは何ですかっていうふうに聞いたら、それは平たく言うとこういうことですと言われました。

「何を気取ってバタ臭い英語を話して」というのがアシダ・ジュンコ先生から見たピクチャー・ブラインドと呼ばれる方々。百歳近い人にもいっぱい取材したんですけれども、その方たちから見ると、ニューカマーは「なんて下品な、日本から来たての野蛮な、あまり英語が上手じゃなくアメリカナイズされていない人々」ということです。ここで日系移民の方々にも、ニューカマーとオールドカマーの間の軋轢があることに気づいたんですね。

私もいくつもそういう現場に遭遇しました。アシダ・ジュンコ先生は聡明な方で、そういうことをあまりおっしゃらなかったんですけれども、大阪で感じた私の感覚は、やはり本国からの直輸入キムチと言ったら失礼かもしれませんけれど、それに対して私はやっぱりコップの水で辛味を振り落とされたふやけた白菜みたいな人間だなあと感じたことが何回かあります。

でもそれがいいか悪いか。この歳になると、それもあり、そうでないことも良し、と思っている。本国から来られた方と、私ども、いわゆる定住外国人はオールドカマーになるわけですよね。その中にはいろんな軋轢や矛盾や違いがあるわけです。

〈急〉

変わりゆく日本社会

でも本当にお話ししたいことはここからなんです。いちばん最初にお話しした前段にもどります。

対話を閉じることは簡単です。私の二世の父を見ていても、在日一世、二世の多くは、往々にして会話を切る、あるいは自分の殻に閉じこもるように私は感じています。もうこれ以上言っても無駄だ、これ以上言ってもどうせわかり得ないと考える。でも簡単なことなんです。もっと踏み込む、一歩踏み込む勇気。そして分かってもらえるまで話し合う。これは女性の方が得意だと思うんです。

たとえばこういうことがあります。うちの娘は、「金ちゃん」って言われていたんです。金は夫の苗字です。東大の法科から弁護士になったんですけど、「金ちゃんって、在日なん？　えっ、日本人じゃなかったの？」。で、ちょっと面白いんですが、「じゃあ私は銀ちゃんだと言えば良かったのに」って。まあ冗談で返したんですけれども、何が言いたいかというとイノセントであるということです。今の学生さんは、いい意味でも悪い意味でも無垢なんです。

彼女を育てたお母さんたちは、私よりも世代がちょっと下なんです。さっき話さなかった日本国籍の学生さんの親御さん達というのは、私よりもちょっと世代が下。いい意味でも悪い意味でもイノセントであるということは、戦中戦後のように偏見や蔑視を持たない代わりに、その歴史的な背景も知らない。

私はよく青空教室をしました。月に一回、高麗美術館にフィールドワークに行ったり、それから彼女たちと一緒に、二学期の授業の最後は、たいてい同志社大学の尹東柱（ユン・ドンジュ）の詩碑に行きました。贅沢な時間でした。造形大の中尾宏教授に来ていただいて、お話をしていただき、私のお給料の一回分は先生にお渡しをするなんてことをしているときに、ある生徒さんが言いました。

「私たちは尹東柱が好きです。ここで終わりたくない。もっと知りたいんです」と。素直だなあって、今もこう思い出すと感動がこみ上げてくる。でも、この子たちに近現代史を深く、私は話すことができるかどうか。あえてはずして尹東柱でサラッと指導を終わろうとしている私に向かって、知らなければならないし知りたいんですという、この若い世代。

この子たちを育ててみたいなあと、本当に心の底からその時思いました。

私は二項対立があまり好きではないんです。つまり、韓国と日本だけの二項対立と言ったらちょっと怒られるかもしれませんけど、もうそんな時代ではなくなりつつある。

今、急速に、ベトナム、中国、韓国、それからメキシコ圏などの人々が、私が二十数年前にアメリカで見聞きしたことが、日本で起こり始めています。アメリカで日系の老人ホームを取材したことがありますが、その時に「サクラサクラ」を歌っていたのは、どこの方だと思われますか。日系人のためだけの老人ホームだったんですけれども、歌っていたのはメキシコの方々でした。その方たちが、日本のお婆さんたちの、あるいはおじいちゃんたちのお世話をしながら、「サクラサクラ」を歌っている。

こういうことが、まもなく日本社会にもやってくるのではないかしらと私は思っています。今現在、大阪では人の嫌がる仕事、きつい仕事で働いている方々は、外国語の方が多いです。

大阪は特に多いです。心斎橋なんかにたまに出かけると、ネームプレートを付けて働いています。私はコンビニでは必ず声をかけて、どこの国から来たんですか、頑張ってるねえ、日本語上手に話せてるねえって。どうしても言葉が出てしまう。彼女たちはちょっと頬を赤らめて「がんばってます」って言ってくれます。

さて、先程の在米コリアンの方たちの話をもとにお話をします。最後に一人、こういう方がいらしたんです。

日本を捨てた日本人

キョウコ・ワタナベと言って、『日本を捨てた日本人』という、有名な分厚い本の中に出てきます。「金さん、LAに来たら彼女に会わないで帰るのはもったいない」と言われました。そう言われると粗相があっちゃいけないと緊張しました。最終の日にスターバックスで待ち合わせました。入ってこられた瞬間私は、あっ、どうしようと思いました。左側に松葉杖（クラッチ）、そして身長はこのぐらいの方でした。先天的な病気で首から下が発育しなかった。そして松葉杖を生まれた時から使わないと生きていけなかった方に最後に会いなさいと、大人たちが誘導してくれたわけです。

で、私はもうウロウロして、「あの、椅子を」とか、「コーヒーをどうしますか」って…。でも素敵な女性だったんです。「あっ、金さん、結構です。私は自分でコーヒーを取りに行きます」。そして、クラッチと呼ばれる杖をつけたまま、全部自分でなさいました。

「聞きにくいお話ですけれども、キョウコさんはどうしてアメリカに来られたんですか？」

そしたら面白いんです。

「金さん、考えてみて。右手で傘をさして左手で杖を持つ。そうすると不自由でしょう。でもロサンゼルスはご存知の通り、日本と違って雨があまり降らない。そこで生きることは、片方のハンディキャップがなくなる。そこで私は渡米して事業をしたのよ」

その頃彼女は、マッキントッシュの社長さんをしていらして、三十数名の部下を持っていらっしゃいました。

その時の言葉でものすごく印象的だったものがあります。

「実は、アメリカに来てある名医に会って、この先天性の病気、脊髄の手術をしたら、病気がすべて治ることがわかったの。でも、敢えて私はそれを拒否したんです。なぜなら、生まれながらにして持っているこのクラッチは、もう私の体の一部だから」

へー、と思いました。この話を黒人のボーイフレンドにしたら、「キョウコ、それが本物のリハビリテイトだよ」と言われたと。つまり、それがなくても生きていける状況になってなお、それを使うということは、完全にその呪縛というか、いろんなものから解放されたことなんだと言われたんです。

そこで私は、このことをちょっと置き換えてみたんです。クラッチをそのままイコール在日問題と短絡的に定義する気持ちはさらさらありません。でも、たとえば「帰化しなくても生きていける」「でも、帰化しないことを選ぶ」、いろんな置き換えができますよね。それをすべてハンディキャップとは、私は思っていませんけれども、あっ、こういう考え方もあるんだなあと瞠目が開かれた思いがあります。

〝日本語人〟 母語からの定義

私は小さな説を唱えるに過ぎない小説家ですので、自分のスタンスは守り続けて今後も書いていきたいと思っています。けれども、たとえば地方参政権や国籍を定義するもの、あるいはそういったことを考えていくときに大切なのは、どこの国の言葉を母語としているかということではないかなあと思うんです。渡米して見聞きしたこと、あるいは急速に進んでいるマイノリティーの問題を考えるときに、どこの国の言葉を母語としているかということは、国籍以上に大きくなっていくテーマではないかなあと思っています。

そして最後の結びです。アシダ・ジュンコさんとお話したときに、彼女は「金さんは日本語人ですねえ」と言ってくださいました。パンジャ・ホンさんはリトル・トーキョーに住んでいらっしゃいました。元総連の幹部でいらした方はトーラスです。つまり母語がどこで、どこの国の言葉であるかということが、自分自身のいろんなものを規定し基軸になっていく時代が、日本社会においてもやってくる。「日本語人」は造語ですけれども、「日本語人」という考え方もあっても良いのではないかしらということが、今日の結びでございます。

長時間になってしまいました。あとは詩の朗読を少しだけさせていただきます。今日は北朝鮮に渡った叔母に、私が思いを託した詩を朗読します。大病をして書くことをためらった時期が長くありまして、今年で二〇年目になりますけれども、朗読を主にやって参りました。

本来ですとバイオリニストとピアニストが入るんですけれども、今日は彼女たちに吹き込んでいただいた曲があります。一五年前に書いた新聞記事ですから、若干古いかもしれません。でも、今の時代にも共通したことです。

〜「ドナウ川のさざ波」のメロディーをバックに〜

娘の詫び状

その瞬間　私は固唾を飲み　黄色い液体を見つめていた
リノリウムばりの床に　みるみる世界地図にも似た模様が広がっていく
それは沢庵の汁だった
五年前の春、父が急逝し一週間目のこと
近場の叔母は六〇年代に北へ渡っている
その叔母に　父が残していった物資を送ろうとしていた　矢先の出来事である
段ボール箱は九つ

赤子の産着に日用品　下着に衣類
さらに重い一斗缶がひとつ
そのひとつが倒れて　私はやっと中身を知った

長男だった父は　六人兄弟の面倒をみながら　トラックの運転手から身を起こし
その後　事業家になった
その父が旅立つ朝　私にある曲をピアノで弾いてくれと言う
訳もわからないまま　私は何度もドナウ川を弾いたのだが　父の死後その曲が
北へ渡った叔母を見送る際　新潟の港で流れていた曲と知った
韓国籍の叔母は　朝鮮籍の教師と恋愛し　北へ渡った
祖父は猛反対したらしい
長男だった父は　懸命に働き　兄弟六人の学費を捻出しながら　叔母に仕送りをしていた
また　北からは頻繁に　赤と青の縁取りの国際便が届いた
ひろし君　会いたいです
会いませう　といった日本語に　いつしかハングル文字が多く混じりだし　それ

に呼応するかのように　日本語は拙くなっていった
カレー　食べたいです
時にわら半紙の文字は　涙で滲んでいた
父の蒔絵の手文庫に収まった手紙からは　異国の香りがした
あれから手紙が届いた日は　父は深酒をした
その父が亡くなった朝　叔母から国際電話が入った
アイゴ　なんだかおかしな夢を見た
声は芙蓉の花のように可憐だった
そのあとは　号泣で声にはならなかった
二世の叔母が　父に所望していた食料品は　ひなあられにポン菓子　カレーのルー　それに　一斗缶七箱分のタクアンだった
〝在日〟という存在の矛盾に　葬式でこらえていた涙が溢れ　声を出して泣き放った
ドナウ川の曲が　耳の奥でこだまする
お父さん　これでやっと北へ南へ　自由に行き来できるね

嗚咽を見かね　職員の人がハンカチの代わりにタオルを貸してくれた

人生というドラマは　愛と憎しみの連鎖だ
また　生きていくことは　生臭いことだ
だが最後は往々にして和解が主軸のテーマとなり　カタストロフィーがあるので
はないか
時々　父の命日に　ドナウ川を弾く
拙い演奏に心から祈りを込める
この曲は　途中から長調に転調する
重々しい曲が　軽やかに飛翔し　空に立ちのぼっていくような気がする
仏壇に手向ける線香の煙と　ドナウ川の曲
私にはこの曲が　この両者が　境界線を超えたところで　ひとつに溶け合ってい
るように思えてならない
天界から見れば　地球のどこにも　国境は無いのだから

もう一五年前のお話ですけれども、今もって日韓関係がよろしくないので、あえて今日は古いものもお持ちいたしました。

そして最後はいつも結びにやる詩の朗読です。私は文芸作品全般をやっていますので、向田邦子とか在日のみに偏りたくないというのが信念なんです。何かに偏ったり、何かのイデオロギーを熱狂的に信じたり、うまく言えませんけれども、在日という概念を超えたところで表現活動していきたいという思いがあって、いろんなことをして参りました。

そして去年は太宰生誕百十一年だったので、井上ひさしさんのお嬢さんの井上麻矢さんともご一緒して、走れメロスの朗読をいたしました。必ずその最後に読む詩が、今日のご挨拶です。

これは詠み人知らずの小さな詩です。言葉は言霊ですから、嫌な言葉を使えばそのようになりますし、美しい言葉を使えばそのような人生が開けます。私は非常に言葉に対しては敏感でありたいと、いつも思っております。そのように自分に言い聞かせています。

タイトルは「僕は信じているよ」です。

僕は信じているよ

ねえ　僕たちはいろんなことを経験するために生まれてきたんだ
人生には　苦しいことや悲しいことがたくさんあるけど　それも大切な経験なんだ
僕は信じているよ
君が今どんなに辛いのかわかってるつもり
でも　代わってあげることはできないんだ
それって　君の人生の宝なんだ
幸せは不幸な姿で現れてくることがあると聞いたことがあるけど　でも君がこの経験を乗り越えたら　今まで不幸だと思っていただろうけど　きっと幸せがやってくる
僕は信じているよ
もし　とても辛いことがあったら
ありがとうって言ってごらん
きっと良くなっていく

君たちが本当に幸せになる姿が見えるんだ
だから今は歯を食いしばって　がんばって笑顔を見せなきゃだめ
決して嫌な言葉や嫌な態度を見せちゃだめだよ
何度でも言うよ　ありがとう　感謝します
大切な言葉を忘れないで
私たちが幸せになっていくことを　僕は　信じているよ

皆様と大事な時間を分かち合えたことに感謝します。呉文子（オ・ムンジャ）女史は私の育ての母です。そして今日、お集まりいただいた皆様に感謝するとともに、今後どんな事態にあっても、生き抜くということ、それを自分に言い聞かせて、拙い朗読とお話を終わらせていただきます。ありがとうございました。

（日韓記者・市民セミナー　第一二回　二〇二〇年八月五日）

第Ⅲ講　在日二世の数奇な半生

尹　信雄 ―― 元民団倉敷支部支団長

▼司会（裵）

今日は　在日二世の自分史をお書きになった、この本の名前では許昇浩（ホォ・スンホ）さん。本名が尹信雄（ユン・シンウン）さんの生き様を通して在日を生きるとは何かということを考えます。まず自己紹介をしていただいて、その後は対談でこの本の内容を掘り下げようと思います。

▼尹信雄

本日は大変お忙しい中に、このようなセミナーにご出席くださいましたこと、まずもって厚く御礼申し上げたいと思います。

自己紹介はここでは簡単に済ませて、トークでやりとりをし、皆さん方のご質問にもできるだけお答えするようにしたいと思いますのでご理解ください。

一九四三年（昭和一八年）七月一九日に四国の徳島県で生まれました。

一九五七年（昭和三二年）、中学校の二年生の時に岡山県倉敷市の水島というところにあった在日の大韓キリスト教会に出席するようになって受洗し、中学校を卒業して地元の小さな町工場に勤めました。その頃のいろんな隘路についても本の方でかなり詳しく書かせていただいております。

一九六二年（昭和三七年）四月に、勤労高校生として夜間高校の電気科に入学しまして、四年間真面目に就学いたしました。

自動車の電装品とか動力の電気関係とかのメンテナンスの小さな町工場に勤務していましたが、どうも電気理論がわからなくて仕事の習熟度がなかなか前に進まない、電気理論を十分身につけてキチッとしたメンテナンスをしたいという願望に基づきまして、夜間高校に通うようになりました。

四年間まじめに就学したと話しましたけど、実は昭和四〇年四月に私は事業を興したんです。このためにいろんなクレームがつきました。

夜間高校と言いましても当時は相当数の生徒がおりまして、教員も大変たくさんいらっしゃった。倉敷市立工業高校という夜間高校でしたが、職員会議が二分して何ヶ月も私のためにもめました。卒業させる、いやさせないと、真面目に学校には通いましたが、少し時間数が足りなかったんです。私と同じような時間数や、もっと時間数の足りない子も、勤めている子は補習を受けさせて卒業させたんですけど、私については補習も受けさせない、卒業もさせないというわけです。随分もめて、倉敷市の教育委員会にまで問題が持ち込まれるような騒ぎになりました。

これでは皆さんにご迷惑かけるので、四〇年四月六日に、もうこの高等学校卒業の資格をいただくことは断念しますと私の方から宣言して、卒業資格を残念ながら得られませんでした。

こうして二一歳の年に事業を興しまして、二〇〇九年（平成二一年）一二月まで約四四年間、会社の経営に携わりました。ここでは割愛しますけど、その会社を維持するのには大変な隘路がありました。

それから高等学校卒業の資格ですが、私には社会福祉事業、保育園や特養老人ホームなどを設立したいという願いがありまして、そうした施設の理事や役員になるためには、最低でも高校卒業の資格がいる。そこで、よう恥ずかしくもなくやったなと思うんですが二〇〇八年（平成二〇年）四月に、六四歳という年齢で岡山理科大学の附属高等学校（これは去年ですか、問題になりました加計学園が経営している理科大学の附属高等学校です）に入学しました。私、びっくりしたんですけど素晴らしい高等学校でして、卒業資格を取るのも難しいと思って断念しようかなと思ったんですけど、歯を食いしばって、翌年三月に卒業しまして、高校の卒業資格を得たというそういう経歴です。

【対談によるお話】

「自分史」出版のきっかけ

裵　それでは私が尹さんにお話を伺う形で進めたいと思います。まず七六歳という年齢でこの『真実』（二〇一九年講談社）というタイトルの自叙伝を出そうと思ったそもそものきっかけは何でしょうか？

尹　自分のことを書いたものは自叙伝だと思いましたが、出版社では「自分史」と「自叙伝」と「自伝」という三つのより分けがあるそうです。自叙伝というのはすごくえらい経歴を持った方のもので、そのちょっと下が自伝で、ずっと下の私ごとき平民が自分のことを書くのは自分史ということです。

私は「類い稀な人生」というタイトルで本を書き始めましたが、出版社の方がもう少し良い言葉を使いましょうということで、本では「数奇な人生」という言葉になっていると思います。数奇な生涯を送りましたので、それを私の家族や親戚、知人に何か記録として残したいと思ったことがきっかけでした。

それからもう一つ。水島は戦争中に政府に命じられて、三菱重工業が戦闘機の製作をした街なんです。そこで在日の人たちがずいぶん集団的に生活していました。山口県とか九州とか、関東方面からも来られて集団生活をしておりました。その同胞たちがめちゃくちゃ悲惨な生活を送ったものですから、記録をぜひ書き留めたいと思いました。あの地域での在日の特殊で悲惨な生活を記録に残した本は、実は岡山県下では一冊もなかったんです。何とか残したいという気持ちで書き始めました。

それからもう一つの理由は、私は一六歳の時からキリスト教会に通い始めて今日まで約五十数年間クリスチャンとしての生活を送りました。キリスト者としての信仰生活の証《あかし》、つまりどういった信仰生活をしたのかの記録を本に書き込みたいと思いました。実際に濃厚な生活の記録を原稿では書いたんですけど、あまり宗教色がきついものは、出版社の方が勘弁してほしいということで、削られました。主イエスに感謝したということが少しずつ入っているだけなんですけど、そういう思いもありましてこの本を書くことになりました。

裵　本名ではなくて、登場される方々も皆、仮名になっていますけど、それはやはり配慮をしたということですか？

尹　そうですね。本の中に必ず登場しないといけない方々には、まだ存命中の方がおられましたので相談に行ったんですけど、「本を出すことには心から応援したい。だけど実名ではね…。ワシはいいけど子どもも孫もおるんで実名はいかがなもんかな」と言われました。

昨今、個人情報の問題もあるので、仮名でぜひ出して欲しいという強い要望が何人かの方からありました。

実は本の内容の中にはすごくエグイところもあります。ウチの親父が誰々に騙された、こういう形で騙されたとか。それは要するに、無学のためにきちんと契約ができなかったことに原因がありましたので、そういうことも書きました。削られるかな思ったら、出版社の方が「いやあ、このことはぜひ書きましょうよ」というわけです。だけどそれを書くためには、ご自身と登場される方のお名前の九十九パーセントは仮名にしないと出版社としても出版し難いということでした。私の状況と出版社の思いが合致しましたので、ほとんどの方のお名前を仮名で出版させて頂いたという事情でございます。

裵　ただ仮名にしても、とくに地域の方は分かると思うんですが、実際に本が世に出てから何らかのクレームは来なかったでしょうか？

尹　クレームはほとんどありませんでした。実名かどうかの予測もついてない方も非常に多くございます。何人かの特異な登場人物について、たとえば銀行の理事長などは気付いておられるでしょうけど、特にクレームなどは出ませんでした。むしろ、その親族の方とかが、よくここまで書いてくれたなあと感謝の言葉がありました。

日本人でありながら在日として育つ

裵　本の帯にある「男の数奇な運命」ですけど、それは、在日の家庭に生まれ育ったはずなのに、実は日本人の両親の元に生まれたという驚愕の事実のことですね。

尹さんのように私より十歳上の世代にしても、二世の多くは在日であることが分かった瞬間、その事実が受け入れられなくて、こんなはずがあるわけがない、どっかに違う両親がいるんだろうというように、ある種期待する。これがあの時代の在日二世にも特有なことだろうと思うんです。尹さんは自分が日本人だと分かってからも、在日として生き続けますが、葛藤はなかったのでしょうか？

尹　僕は、自分の出自というか真実を、全く知らなかったわけではないんです。一人息子で兄弟が全然いないわけです。近所の在日の家庭には、だいたい六人から七人の兄弟がいる、子だくさんのお家ばっかりだったんですね。私だけは一人でした。一人だったためにイジメもかなりありましたし、何かの事情があって、この家の実子ではないなと薄々感じておったんです。

まあ両親がかわいがってくれていましたし、そのことを気にして生涯を送ったわけじゃないんです。

三六歳になって、実際は日本人の間に生まれたけれど貧しくてどうしても育てられないから、育ての親である父母に、この子の将来をあなた方に託しますのでお願いできませんとかと懇願したことを知りました。

一八歳の頃に青年会に入れられて、ものすごく活発な運動をしながら在日として生きてきて、三六歳でそのことを聞いたからといって、帰化して日本人になるとか、私は実は日本人だと宣言することも必要ないと思いました。

実は今、家内や倅たちにものすごく叱られているんです。その出自の真実を知った時に、どうして家族に言ってくれなかったんだと。実は家族にもまったく伏せておったんです。そんな感じで特別に大きな葛藤はありませんでした。その後も在日として生きて、民団でもいろんな奉仕をやりましたし、民団中央本部とのお付き合いもしましたし、その関係で裵さんも知ることができました。

裵　生みの親という方には、実際にお会いしましたか？

尹　実は私の出自を調べた人は、私にある種の復讐がしたくて調べたんです。警察の力を借りて。公安警察には私たち在日のすべての資料がスーパーコンピューターに残っております。岡山の県警本部の偉い方が、私のことを調べて明かしたわけです。

生みの親に会いたくて、警察に本当の親の名前を何とか教えて欲しいとお願いしたんですけど、今の段階では断じてできませんと断られました。実の親には正直言いまして会っておりません。

兄弟も相当立派な方らしいんですけど、その関係で実の親を明かすことはできないので、頼むから断念してくれと言われました。どなたが私の兄弟なのかということもいまだにわかっておりません。

裵　育ての親である在日一世のアボジですが、差別がひどく、非常に貧しかった時代の一つの父親の典型だと思います。家族に対して暴力をふるうとか、大酒飲みだったりとか、『血と骨』の金俊平みたいな典型的な一世がいるわけですけど、尹さんの育ての親の父親もまさにそうじゃないですか。そのことは、自分の人格形成においてどうだったんでしょう?

尹　人格形成は基本的に幼稚園から小学校ぐらいの間に、家庭でいろいろ親が教えを施すことによって出来上がっていくと思います。正直言いまして、私は親に人格形成に至るような教育を受けたことがないんです。親はものすごい酒乱でおふくろに暴力をふるって、非常につらい思いをしました。人格形成の教育を受けた思いはなくて、むしろ悪い思いはたくさん残っています。

ウチの父親も、一四歳の時に、当時の大韓帝国を離れて捕鯨船に乗り込んで、二十何歳まで船員として働きました。ですから父親も自分の両親から人格形成の教育を受けられなかったんです。そういう歴史被害者のような感じが、私はしています。

裵　そういうある種すさんだ生活だったからクリスチャンになる道につながったと受け止めていいんでしょうか？

尹　そうですね。おふくろが亡くなって間がないころ、ひとりぼっちで父親に暴力を受けて生活をしていた時に、慰めの意味で私と同い年の女性の方から「教会の日曜学校に行ったらお菓子もくれるし楽しいよ」と誘われて、それをきっかけに教会に行ったんです。今、裵さんが言われたような、親父がそういう人格であったことが起因してクリスチャンに助けを求めたというよりは、通っているうちにだんだん聖書を読んで理解したり、あるいは自分の周りに起きてくるいろんな奇跡のような出来事とかから感銘を受けてクリスチャンになったというのが本当のところじゃないかと思います。

一文なしから県下有数の自動車電装品事業へ

裵　社会人になってからの話を伺います。いわゆる学歴がない中で社会に飛び出して、ある程度軌道に乗る場合と逆に谷間の部分や挫折することなどいろいろあったかと思います。その栄光と挫折についてお話しください。

尹　事業を起こす時がものすごく苦しかったです。その事業を約七～八年間引っ張っていくのにめちゃくちゃ苦労しました。途中で会社を止めようかと思ったこともたびたびでした。その会社を維持するために、いろんな手段を講じました。

結果を見れば、あの倉敷の水島という地域で、事業を興して四十数年になりますが、赤字決算は三期ぐらいです。あとはずっと黒字で、たくさん儲けましたし、会社も大きくして土地もたくさん買いました。一文無しで事業を起こして、順調に会社を伸ばして、自動車の電装品のメンテナンスの会社としては岡山県下で一、二を争う会社に育て上げて、地域の人には賞賛されることはあっても、批判を受けたことはありません。人様を騙したこともありません。

まあ最後は、挫折といったら挫折かも分かりませんけど、私は正直言いまして挫折とは思ってないんです。自分で好んで会社をもうこの辺で、一応休業にしたのだから。

倅がどうしても会社を継いでくれなかった。それで清く会社を一応休業にして、今はまあ、法人の人格はまだ土地やなんかがありますけど、人様には一銭の迷惑もかけず、倒産はせずに一応完全に清算して閉業しました。そういった面では地域の方に迷惑をかけずに順調に会社を四十何年間やってきた、そういう思いでございます。

裵　会社のモットーというのは何でしたか?

尹　やっぱ信用第一ですね。信用を無くしたら会社は絶対に大きくなりません。

信用組合の内紛処理で買った恨み

裵　会社を続けながら、地域の民族金融機関の理事、あるいは理事長に関わり、いわゆる同胞社会の内紛に巻き込まれるわけですが、その一端を教えてください。

尹　これは私の人生の中でも予想もしなかったことがおきたわけです。

韓国人系の信用組合で、要するに人材不足のためにガバナンスが効いてなかったんです。本店では不良貸し付け、私が住んでいる倉敷支店では支店次長が横領を働いて新聞に大きく出たんです。数億円の穴を開けたわけです。

私はその二年か三年前に理事に推挙されました。絶対やらないと言って断ったんですけど、二五人の理事は高齢化していて若手を入れないといけないということでした。総代会を欠席して、理事になれるような会議には出てないんですけど理事にさせられました。最初の理事会に行ってみますと、本店の事件が起きておるということでものすごく大きな問題になっていました。

銀行の取り付け騒ぎという言葉はご存じだと思います。あの銀行は危ないということで、預金がどんどん引き出されることを取り付け騒ぎと言いますが、そうなると銀行はもう倒産です。それを防ぐために、私ごとき銀行の経験も何もない者が、本店の常務理事兼倉敷支店の支店長ということで、二つの事件を処理しないといけないということになりました。

私は粉骨砕身の努力を三年間やって、民団中央本部や韓信協の本部の応援等々を得ながら、なんとか取り付け騒ぎを起こさずに、元の預金量よりはるかに多くの預金を獲得できるようなそういう土壌をつくって、トータルで四年間勤めたんです。

四年間でそれを次の方にバトンタッチして、自分の事業がありますから退任をするという経過をたどったわけです。正直言って、在日の社会で少々努力してもなかなか報われないものだということとは、よう感じました。

裵　それだけ順調に舵取りをしましたが、にも関わらず相手陣営というか尹さんに恨みを持った人間がある種の動きをするわけですね、出自の件も含めて。

尹　当時、中四国でも一番のパチンコ屋さんでお金持ちだった人を岡山商銀の理事長として迎えていました。その方の監督不行き届きによって、本店や支店の事故が起きたわけです。民団の一般の団員の人たちは、有名な大金持ちのAさんが理事長になったんだから、まず心配ないだろうと預金もどんどんしていました。ところが事件が起きたものですから民団社会が揺れに揺れて、岡山商銀のために岡山の民団は全国有数の不良民団団体というレッテルを貼られたわけです。

特に婦人会がものすごく糾弾して、理事長を降ろさないといけないということになりました。降ろさないと取り付け騒ぎが起きそうなのでやむなく降りてもらうことにしたんですけど、本人はなかなか降りようとしなかった。

商銀というのは信用組合ですから、中小企業等協同組合法という法律によって運営されています。みんなで署名運動をしたりしましたが、どうしても本人が降りないものですから、職権登記をしました。

その職権登記の手続きを顧問弁護士の先生と私と何人か若手理事が努力しましたが、自分はあんまり目立った行動をしたように思えないんですけど、どうも私が目立ってしまったようです。相手にしてみれば、尹信雄がすごく頑張って理事長の交代劇を演じとると見られて、その人に恨みをかった。ここまで言ったら言い過ぎかもわかりませんが…。

最終的にはその人も私を理解して、「君を恨んで出自のことを調べたりしたのは本当に申し訳ない」ということで、大邸宅で土下座をして謝られました。それで事なきを得たんですけど、そういう関係で恨みを買ったということです。

裵　ではその方とは和解をされたんですね。

尹　ええ、完全に和解しました。

裵　その人は出自を同胞社会に、たとえば怪文書みたいな形でばら撒くことまではしなかったのですね。

尹　理事長さんは会社（パチンコ店）の会長で、その甥っ子さんが社長として実際に地方でトータルでは二十何店舗にしたんですけど、その社長が非常に私を大事にしてくれました。そしてそれは絶対にやってはダメだと。怪文書のようなものを出せば、あなた自身の人気が低下して、逆に尹信雄の株が上がる。そんなことあんたするのかと、それをやるんだったら、ワシはもうあんたの会社をやめるよということまで言って下さった。

非常にありがたいと思いました。亡くなるまで私は綺麗なお付き合いを社長とはしてきたんですけど、私の出自の事実は、外部には出てなかったということであります。

民団倉敷支部の再建と全国初の地域コミュニティ

裵　在日の民族機関で、そういう体験やいやな思いをしながらも、その後民団倉敷支部を全国で初めての地域コミュニティに、日本人も関われるような組織にしましたね。その話をして下さい。

尹　倉敷支部は貧しい同胞がたくさんいたので、民団の維持がなかなかできませんでした。古い建物の事務所を構えてそこで事務処理をしていたんです。その屋根が古くなって大きな穴が開いて、ちょっと雨が降るとバケツを五つも六つも置くというようなことでした。

私の先輩にあたる五、六人が再建に努力して、何とかしようと頑張ったんですけどできなくて、結局建物が傾きかける状態でした。商銀をやめて十年くらい経った時ですけど、その矛先が私に向いてきて、何人かの若手が家に来て、倉敷支部の会館再建はもうあなたしかできる人がいないと懇願されました。私は綺麗に断って帰らせたんですけど、その後何回も日参してきたわけです。

私も出自のことが分かった後でしたから、在日のためになんでそんなことまでやらないといけないのかという疑問もありました。だけど、たくさん在日の方が集団で住んでいる地域の事務所がこんな形ではいけないなあと。私の手でやれる限りはやろうと思い直しました。

自信は八十パーセントありませんでした。当時は大蔵省の財務局が、国有地の管理をどんどんしていた時代です。財務部水島出張所の所長であった方たちが、非常に好意的にいろんな協力をして下さいました。これは全部言っておかないといけないと思います。民団の倉敷支部は国有地を安く分けてもらって建てたんですけど、その上に、民団の倉敷支部を倉敷市の地縁団体に申請できる法律があって可能なんですよと、知恵をつけてくれました。その申請は全国初めてであり、もう終わりであったんですけど、倉敷支部だけが地縁団体の認可をいただきました。

裵　地縁団体というものを、もっとわかりやすく言って下さい。

尹　その地域に縁がある団体ということで、倉敷市の認可団体となったわけです。どんな特典があるかと言うと、全国の民団の建物などは、個人名義で登記されているものですから税金がかかり、先代が亡くなれば次の人に名義変更しないといけません。それが、「判押さん」「印鑑押さない」とかで、登記ができないなどいろんな問題が起きてきます。

倉敷では地縁団体の法人格をいただきましたので、結局税金は永久的に固定資産税が土地の方も建物の方も一銭もかからないということです。全国で初めて民団の組織の事務所として、団体の所有する物件に公然と不動産課税がまったく無しで未来永劫それを運用できるという特典を得ました。しかも倉敷市より、二千百万円もの補助金支給を受け倉敷支部の会館建設を開始した。これは大きな成果ではなかったかと思っています。そこまで行くとは私も思っていませんでした。

裵　それは全国初で、なおかつ全国最後なんですか？

尹　ええ。そのあと広島とかで何件か、そういう申請のお手伝いをしましたが、総務省は断じて他はできないということです。私、総務省に何度も通って相当闘争しましたけど、勘弁して下さいということで、「ミステイクでお宅だけ」と（笑）。えらいこと言うなと思ったんですけどね。

他人に迷惑かけず信用を大切に

裵　家庭人としての尹さんの一面を見たいと思います。結婚に至った簡単ないきさつを教えてください。

尹　家内も教会の信徒だったんです。教会で知り合って二、三年間恋愛して…。
　私の家庭の事情がありました。母親はいないし兄弟もいない。女手がもちろんないので、炊事洗濯をしながら会社を経営するというのは大変だということを、近所の人がわあわあ言い出して、早く結婚しなさいという話になりました。彼女の母親が私に目（めんこ）をつけて、自分の娘をあなたの伴侶にしないかという話もあって、トントン拍子で結婚したような次第です。

裵　お父さんもご自身も、人格形成に至るような教育というか、教養を身につける時間も場所もなかったと思うんですけど、ご自身の四人のお子さん達にはどういう教育方針で望んで、今はどうされているか教えて下さい。

尹　私は事業がものすごく忙しくバタバタやっていましたので、私自身では子供の教育を、人格形成の教育をほとんど行うことはできませんでした。家内が子どもの教育に携わって一生懸命孤軍奮闘しました。おかげさまで、男が二人と女の子が二人の四人、バランス良くおりまして、どの子も素直によく勉強もして育ちました。

これあんまり言いたくなかったんですけど、息子たちも「言やいいが」という話で了解もらったので言いますけど、一番上の長男と一番下の次男が奇しくも法律の勉強を一生懸命しまして、どちらも弁護士資格を持っております。一人は今東京でちょっとした法律事務所を運営していますし、次男は岡山で法律事務所を自立してやっています。

長女は学者と結婚しまして、大学准教授の奥さんとして家庭におさまっています。孫たちも大学に進学したり高校に進学したりしております。次女は外資系の日本法人に就職しまして、今取締役総務部長をやっております。東京外大で朝鮮語学科を出たんですけど、アメリカに一年留学し英語が堪能です。

近所の人は、尹さんところは子どもにどんな教育したんですかと言うてくれます。これは手前味噌です。

裵　奥さんに教育を全て任せていたとおっしゃいますけど、家訓というか、モットーみたいなものは、家庭の中ではどうだったんでしょう。

尹　父親が飲んだくれで、酒癖が非常に悪くて困りました。酒を飲まない時には優しくて頭のいい父親だったんです。その父親が亡くなるときに、私の手をがっちり握って言った言葉が忘れられないです。「絶対に人様にご迷惑をかけてはいかんよ」と。食べられなくて、ボロボロの着物を着てでも、絶対に他人には迷惑をかけるなと言うわけです。それからもう一つは、会社のモットーでもある、信用をなくしたら絶対にダメだということ。信用だけは絶対に大事にして、信用を持ち続けていかないといけないということです。

子どもたちに、特別にこれを何とかしろ、あれを何とかしろというようなことは言いませんが、ともかく人様に迷惑をかけず、信用を大事にして生きていけよということぐらいしか教えておりません。

裵　最後にお聞きします。歴史に「たら」とか「れば」っていうのはナンセンスだと言いますけども、もしも尹さんが日本人家庭で育っていたら、もしも尹さんがクリスチャンでなかったら、どういう人生だったろうと想像しますか？

尹　このことは本に書いたのですが、実は若い時に、ある毒薬を使って、三人の人を殺害する計画を綿密に立てました。その毒薬はちょっと公表できないんですけど、ものすごく致死率の高い薬です。三人というのは、まず自分の親父、それから親父をだました二人を殺さないといけないと考えました。

私がもしかクリスチャンとして生きてなかったとしたら、おそらくその犯罪を実行してたと思うんです。正直言いまして、一人ぐらいならまだしも三人だったら死刑になりますね。私はこの世に存在してなかっただろうと思います。

あるいはそういう凶悪な事件を起こさなかったとしても、人を騙したり、詐欺をしたり、強盗したりなどいろんなことで、刑務所の門を出たり入ったりの人生やなかったかと思います。そういう面では本当にキリスト者としての感謝が絶えないところです。

裵　日本人だったらとは想像しないですか？

尹　日本人でその家庭に育っていたら、先ほど言いましたように私の上になるか下になるかわからない兄弟は立派な人になっているということですから、私もひょっとしたら相乗りしているかもわかりませんけど、いくら兄弟とはいえ、個々の個性がありますからわかりません。

裵　ありがとうございました。それでは皆さんからの質問に答えてもらいます。

〔質疑〕

（Q）私はＮＰＯで活動しています。歴史認識をどうやったら感じることができるか考えていく中で、聞き取りをして、聞いたことをもう一回歴史として見ていくことがすごくいいのではないかと感じていた頃だったので、お話がすごく良かったです。

育ての親と生みの親が違うことを、三六歳の時に気付かれたということですが、小さい頃は日本人は周りにいたんでしょうか。日本人との関係の記憶というのがあるのか、何か嫌がらせはあったか、そういう話を教えて欲しいです。

それからもう一点、日本人ということがわかった時に、言わないことを選んだのは、やはりその地域社会が良かったというか、何かいい社会だった部分があったのかなあと思ったんですけど、どうですか。

（A）最初のご質問にお答えしますと、岡山県の倉敷市で、大きな在日の集団の部落といったら、地域で三箇所あったんです。そして私が住んでいたところは、日本の方がだいぶおられて在日が混在していました。日本の方たちは差別というより、在日の人は気の毒だなあという感じでした。自分たちは先祖からいただいた田畑《でんぱた》がありますから、お百姓をしたり三菱重工とかの企業に就職されて豊かな生活をされておりました。私たちに対しては非常に気の毒だなあという思いを持って下さっていたように思います。

私は日本の友達もたくさんいましたし、私の父親や母親と同じ年代の人ともお付き合いしましたけど、非常によくかわいがってくれました。ところが、ちょっと離れたところに、在日のかたまりで住んでいる二つの集落には、周辺に日本の人がいなかったものですから、かなり差別があったようです。

私が悲しいなあと思う差別を受けたのは、小学校の五年の時に、私だけが在日韓国人専用の学校じゃなしに日本の小学校に転校したんです。そこでものすごくいじめられました。フォークダンスを運動会の前にやったりします。グルリグルリ回って、男女で手つないでフォークダンスするじゃないですか。私のところに来た女の児童は全部パスですわ。あれは朝鮮人だから一緒に踊りたくないということでした。そういう悲しい目にも、辛い目にも遭いましたけど、相対的に言えば、やっぱり差別されるためにその反発として日本の方に暴力を振るう。在日の韓国人朝鮮人は差別の中に区別をされて、怖いよとか、暴力を振るうかもわからんよとか言われながら、陰で陰湿な差別をされる。そういう特殊な構造が存在していたんじゃないかと思っております。

それと二番目の、在日の中にも魅力があってそのままで行こうという思いをされたのかという質問ですね。そういうことはあまり感じませんでしたけど、自分がそれまでは在日韓国人として、はっきり言いまして小さな政治闘争とか団体闘争とかをやってきたのに、それをガラリと変えてどう言いますか、リングの中にいた人間がリングの外からやーやー言うような、そんな早変わりは良心的にできないものです。

やっぱりそのまま在日で、家内や子どもたちには黙って続けようかと、続けた方がいいんじゃないかと。そういう感じでした。叱られるかも分かりませんけど、在日の人達に魅力あって続けたわけじゃなくて、特別な違和感もなく、今まで通りに平坦に過ごそうかなという、そういう思いでありました。

（裵）ありがとうございました。（拍手）

（日韓記者・市民セミナー　第七回　二〇一九年一二月一七日）

YouTube「KJテレビ」日韓記者・市民セミナー

動画配信　二〇二一年八月三一日現在（第1回から6回まで韓国語字幕あり）
●印はブックレット収録済

●第1回　二〇一九年八月三日
「関東大震災「朝鮮人虐殺否定」論反証」　加藤直樹（作家）

○第2回　二〇一九年九月二五日
「よく知らない韓国（人）を知ろう」　権　鎔大（経営コンサルタント）

●第3回　二〇一九年一〇月一八日
「特攻隊員として死んだ朝鮮人の慰霊事業」　黒田福美（女優）

●第4回　二〇一九年一〇月二六日
「JOCの不可解な動き」　谷口源太郎（スポーツジャーナリスト）

●第5回　二〇一九年一一月二四日
「北送事業60年の総括」　菊池嘉晃（ジャーナリスト）

●第6回　二〇一九年一二月一二日
「韓国ヘイトと対処法」　香山リカ（精神科医）

●第7回　二〇一九年一二月一七日
「在日二世の数奇な半生」　尹　信雄（元民団倉敷支部団長）

●第8回　二〇二〇年二月一〇日
「安倍政権の内政と外交」　小池　晃（日本共産党書記局長）

●第9回　二〇二〇年二月二一日
「南北韓と韓日関係の展望」　平井久志（ジャーナリスト）

●第10回　二〇二〇年七月一日
「虚構の「嫌韓」からの解放」　澤田克己（毎日新聞論説委員）

●第11回　二〇二〇年七月一五日
「川崎でのヘイトスピーチ攻防」　石橋　学（神奈川新聞記者）

●第12回　二〇二〇年八月五日
「在米コリアンと日系米人社会」　金真須美（作家・大学講師）

●第13回　二〇二〇年八月二六日
「多様性の中の在日コリアン」　金村詩恩（作家・ブロガー）

●第14回　二〇二〇年九月二日
「朝日新聞の慰安婦報道と裁判」　北野隆一（朝日新聞編集委員）

●第15回　二〇二〇年九月一六日
「平行線をたどる徴用工問題」　殷　勇基（弁護士）

●第16回　二〇二〇年一〇月一六日
「『評伝 孫基禎』の上梓とその後」　寺島善一（明治大学名誉教授）

○第17回　二〇二〇年一〇月三〇日
「復刻『関東大震災』の意義」　高　二三（新幹社社長）

○第18回　二〇二〇年一一月一八日
「キムチが食べられる老人ホーム・故郷の家」　尹　基（社会福祉法人「こころの家族」理事長）

●第19回　二〇二〇年一一月三〇日
「日本学術会議会員任命拒否問題の背景」　纐纈　厚（明治大学特任教授）

●第20回　二〇二〇年一二月八日
「差別と偏見の現場取材」　安田浩一（ノンフィクションライター）

○第21回　二〇二一年四月二七日

「『韓国ドラマ食堂』の話」　八田靖史（コリアン・フード・コラムニスト）

○第22回　二〇二一年七月一四日

「差別実態調査から見るヘイト」　権　清志（朝鮮奨学会代表理事）

○第23回　二〇二一年一一月六日

「映画『在日』上映と呉徳洙監督を語る」　清水千恵子（映画『在日』スタッフ）

○第24回　二〇二一年一一月一九日

「記憶を拓く『信州・半島・世界』」　田中陽介（信濃毎日新聞編集局デスク）

〔著者紹介〕

● 金村詩恩（かねむら　しおん）

1991年生まれ。埼玉県在住。

ブログ「私のエッジから観ている風景」http://shionandshieun.hatenablog.com/

著書：『私のエッジから観ている風景—日本籍で在日コリアンで』（ぶなのもり）

● 金真須美（きん　ますみ）

ノートルダム女子大学英文科卒業後、東京の桜会でシェイクスピア演劇を学ぶ。第4回香・大賞受賞。小説「贋ダイヤを弔う」で第12回大阪女性文芸賞、小説「メソッド」で第32回文藝新人賞優秀作受賞（主催・河出書房新社）。雑誌や新聞にエッセイを執筆。

ノートルダム女子大学非常勤講師、各地で人権や教育問題などをテーマに朗読コンサートや講演も行っている。

著書：『メソッド』（河出書房新社）、『羅聖の空』（草風館）ほか。2011年には韓国でも作品集が刊行された。

● 尹信雄（ユン・シンウン）

1943年、徳島県生まれ。1962年、18歳で倉敷市立工業高等学校電気科（夜間高校）に入学するも卒業資格の取得を断念。21歳の時に電気関係修理業を起業して約45年間、代表取締役。この間、岡山県の在日韓国人系金融機関の理事や在日大韓民国民団倉敷支部支団長などを歴任。2008年、64歳で岡山理科大学付属高等学校に入学。翌年に高等学校卒業の資格を取得。

著書：『真実』（講談社エディトリアル　筆名．許昇浩／ホォ・スンホ）

＊日韓記者・市民セミナー　ブックレット6＊

「在日」三つの体験

三世のエッジ、在米コリアン、稀有な個人史

2021年12月5日　初版第1刷発行

著　者————金村詩恩、金真須美、尹信雄

編集・発行人—裵哲恩（一般社団法人ＫＪプロジェクト代表）

発行所————株式会社 社会評論社

東京都文京区本郷2-3-10

電話：03-3814-3861　Fax：03-3818-2808

http://www.shahyo.com

装丁・組版—— Luna エディット .LLC

印刷・製本——株式会社 プリントパック

第5号
『東京2020　五輪・パラリンピックの顛末』
――併録　日韓スポーツ・文化交流の意義
二〇二一年五月一〇日発行
北野隆一／殷勇基／安田浩一　Ａ５判　一二〇頁　本体九〇〇円＋税

東京五輪・パラリンピックは、新型コロナの感染爆発のさなかに、人々の反対の声を押し切って開催された。贈賄疑惑と「アンダーコントロール」の招致活動から閉幕まで、目を疑うばかりの不祥事と差別言動があらわとなり、あげくに巨額債務が納税者のツケとなる。なぜ、こうまでして東京大会は開催されたのか？　商業主義と勝利至上主義がもたらした顛末は「オリンピックの終焉」を物語る。

だが、本来あるべき真のスポーツ・文化の交流は、複雑化する日韓関係においても国境を越えて心をつなぐ。植民地の歴史に抗った金メダリスト・孫基禎と、韓流に憧れを抱く現代の若者たちの相互意識にその姿を見る。

ブックレット創刊のことば

日韓関係がぎくしゃくしていると喧伝されています。連日のように韓国バッシングする夕刊紙、書店で幅を利かせる「嫌韓」本、ネットにはびこる罵詈雑言。韓流に沸いた頃には考えられなかった現象が日本で続いています。その最たるものが在日を主なターゲットにしたヘイトスピーチです。

一方の韓国。民主化と経済成長を実現する過程で、過剰に意識してきた、言わば目の上のたんこぶの日本を相対化するようになりました。若い世代にすれば、「反日」は過去の遺物だと言っても過言ではありません。支持率回復を企図して政治家が「反日」カードを切るパフォーマンスも早晩神通力を失うでしょう。

ことさらに強調されている日韓の暗の部分ですが、目を転じれば明の部分が見えてきます。両国を相互訪問する人たちは二〇一九年に一〇〇〇万人を超え、第三次韓流は日本の中高生が支えていると知りました。そこには需要と供給があり、「良いものは良い」と素直に受け入れる柔軟さが感じられます。

コリア（K）とジャパン（J）の架け橋役を自負するKJプロジェクトは、ユネスコ憲章の前文にある「相互の風習と生活を知らないことは、人類の歴史を通じて疑惑と不信をおこした共通の原因であり、あまりにもしばしば戦争となった」「戦争は人の心の中で生まれるものであるから、人の心の中に平和のとりでを築かなくてはならない」との精神に立脚し、日韓相互理解のための定期セミナーを開いています。

このブックレットは、趣旨に賛同して下さったセミナー講師の貴重な提言をまとめたものです。食わず嫌いでお互いを遠ざけてきた不毛な関係から脱し、あるがままの日本人、韓国人、在日の個性が生かされる多文化共生社会と、国同士がもめても決して揺るがない市民レベルの日韓友好関係確立を目指します。

二〇二〇年八月

一般社団法人 KJ プロジェクトは、会費によって運営されています。日韓セミナーの定期開催、内容の動画配信、ブックレット出版の費用は、これにより賄われます。首都圏以外からも講師の招請を可能にするなど、よりよい活動を多く長く進めるために、ご協力をお願いします。

会員登録のお問い合わせは、

▶ KJ プロジェクトメールアドレス　cheoleunbae@gmail.com へ